Jeden Morgen erklärt Dr. Wort auf radio ffn Formulierungen und Ausdrücke, die wir täglich benutzen, deren Herkunft uns aber meist gänzlich unbekannt ist. Oder wussten Sie, dass die Redewendung «Das ist doch Jacke wie Hose» für «Das ist doch gleich» vor rund 400 Jahren von Schneidern geprägt wurde, als es chic wurde, Jacken und Hosen aus dem gleichen Stoff zu tragen?

Über 200 neue Hörer-Fragen hat Dr. Wort für dieses Buch gesammelt und erläutert nicht nur Redewendungen, sondern auch regionale Formulierungen und etymologische Herleitungen von Wörtern – von «anschwärzen» bis «zappenduster».

Jochen Krause, der als *Dr. Wort* täglich in der Sendung «Guten Morgen Niedersachsen» (radio ffn) Wörter und Redewendungen der deutschen Sprache erklärt, war seit Ende der achtziger Jahre Moderator, Redakteur und Unterhaltungschef bei radio ffn. Heute arbeitet er als Autor für diese Station. 2010 erschien bei Rowohlt sein Bestseller *Klappe zu, Affe tot.*

Dr. Wort

Mich laust der Affe

Neues aus der Welt der Redewendungen

Rowohlt Taschenbuch Verlag

Originalausgabe
Veröffentlicht im Rowohlt Taschenbuch Verlag,
Reinbek bei Hamburg, Januar 2012

Redaktion Ana González y Fandiño
Umschlaggestaltung ZERO Werbeagentur, München
(Umschlagabbildung: © FinePic, München)
Satz aus der Minion, PostScript, InDesign, bei
Pinkuin Satz und Datentechnik, Berlin
Druck und Bindung Druckerei C. H. Beck, Nördlingen
Printed in Germany
ISBN 978 3 499 62808 5

FSC
www.fsc.org
MIX
Papier aus verantwortungsvollen Quellen
FSC® C019821

Das für dieses Buch verwendete FSC®-zertifizierte Papier
Lux Cream liefert Stora Enso, Finnland.

Vorwort

Seit Februar 2009 beantwortet Dr. Wort bei radio ffn täglich Fragen zur Herkunft deutscher Redewendungen, Formulierungen und Wörter. Im September 2010 erschien das Buch *Klappe zu, Affe tot* mit Antworten auf die 200 am häufigsten gestellten Fragen und hielt sich monatelang in den deutschen Bestsellerlisten.

Das Interesse an dieser Thematik ist bis heute ungebrochen, und so kam es zu den nächsten 200 Erklärungen. Alle eingesandten Fragen stammen von unseren Hörern, wurden also nicht von Redakteuren oder nach einem theoretischen oder didaktischen Konzept zusammengebastelt.

Auf diese Weise kam eine bunte Vielfalt an Fragen zusammen, bei der auch in dieser Auswahl ganz bewusst nicht streng zwischen Redewendungen, regionalen Formulierungen und etymologischen Herleitungen von Wörtern unterschieden wurde.

Zwei Tatsachen sollen in diesem Zusammenhang nicht unerwähnt bleiben: Oft haben Eltern Fragen ihrer Kinder gemailt, und viele Menschen mit Migrationshintergrund haben um Erläuterungen sprachlicher Phänomene gebeten. Auch aus diesen Gründen wird in diesem Band wieder jeder Redewendung zunächst eine kurze Erklärung der Bedeutung vorangestellt, bevor die eigentliche Herleitung erfolgt.

Wie schon beim ersten Buch gab es Fragen, die Dr. Wort nur mit linguistischer Akribie und etymologischem Spürsinn klären konnte, andere ließen sich hingegen schnell beantworten. Sie werden allerdings immer wieder gestellt, ganz einfach weil nicht jeder radio-ffn-Hörer an jedem Morgen die Sendung verfolgen kann. Hierzu zählen unter anderem die Redewendungen

«Das ist doch Jacke wie Hose» sowie «Mich laust der Affe», dem der vorliegende zweite Band seinen Titel verdankt.

Für viele Redewendungen gibt es zwei oder mehr Herleitungen, in solchen Fällen wird hier im Allgemeinen die in der Fachliteratur am häufigsten genannte und plausibelste beschrieben, in einigen Fällen wurden aber auch «konkurrierende» Erklärungen einander gegenübergestellt.

Es ist immer wieder faszinierend und überraschend, zu erfahren, wie viele der Redewendungen, die wir tagtäglich benutzen, uralte Wurzeln haben. Sie sind vor Jahrhunderten entstanden, und die Welt, aus der sie kommen, ist längst untergegangen, doch in unserer Alltagssprache haben sie überlebt.

In diesem Sinne: Viel Spaß beim Stöbern in dieser neuen Sammlung!

Ihr Dr. Wort

A

Asche auf mein Haupt

Jemandem etwas anhängen

Etwas auseinanderklamüsern

Kurz angebunden sein

Ich glaub, mich laust der Affe

Es auf jemanden oder etwas abgesehen haben

Etwas abkupfern

Allerhand

Abergläubisch sein

Armleuchter

Etwas aus dem Ärmel schütteln

Etwas abstauben

Mit dem Auto liegen bleiben

Der Arsch geht auf Grundeis

Durch Abwesenheit glänzen

Jemanden anhimmeln

Jemanden anschwärzen

Aufhebens machen

Etwas ausgefressen haben

Abergläubisch sein

Abergläubische Menschen verhalten sich irrational: Sie gehen zum Beispiel nicht unter angelehnten Leitern durch, haben Angst vor schwarzen Katzen oder fürchten sich unter anderem vor der Zahl «13».

Das Wort «aber» verwenden wir heute, wenn wir einer Aussage nicht zustimmen und Einwände dagegen haben. Aber – da war's schon wieder – im Mittelalter bedeutete das Wort «aber» noch viel mehr, nämlich auch «nach etwas», «hinter etwas» oder auch «Gegenteil von etwas». Und in dieser Zeit ist der Begriff Aberglaube entstanden – es war ein Glaube, der nach dem echten Glauben kam, der hinter ihm steckte, der eigentlich das Gegenteil vom wirklichen Glauben war.

Es auf jemanden oder etwas abgesehen haben

Diese Redewendung hat kurioserweise mehrere, sich teils widersprechende Bedeutungen. Im Hinblick auf Personen heißt sie entweder, dass man jemanden ständig schikaniert und drangsaliert, oder aber, dass man jemanden begehrt und scharf auf ihn ist. In Bezug auf Dinge kann sie bedeuten, dass man etwas unbedingt haben oder erreichen will.

Wenn wir etwas vorhaben, dann verfolgen wir eine bestimmte Absicht, wir «haben es auf etwas abgesehen». Die Absicht bezeichnete ursprünglich das Visier eines Gewehrs, also eine Zielvorrichtung wie etwa Kimme und Korn. Wenn man jemanden damit anpeilte, dann hatte man ihn «in Absicht», also im Visier.

Heute ist diese ursprüngliche Bedeutung aus der Waffentechnik längst in Vergessenheit geraten, und wir gebrauchen die Redewendung häufig und in allen möglichen Zusammenhängen. Man kann sogar «von etwas absehen», also etwas nicht tun. Das ist zum Beispiel der Fall, wenn ein Richter von einer Bestrafung absieht. Damit legt er das imaginäre Gewehr zur Seite und verschont den Angeklagten, er hat es nicht länger auf ihn abgesehen.

Etwas abstauben

Wenn man etwas «abgestaubt» hat, dann ist unter Umständen die Rede davon, dass man irgendeinen Gegenstand von Staub befreit hat. Wesentlich häufiger ist mit dieser Redewendung allerdings gemeint, dass man etwas sehr günstig erworben, erbettelt, vielleicht sogar gestohlen hat.

Die Redensart stammt höchstwahrscheinlich aus dem traditionellen Müllerhandwerk, und zwar aus den Zeiten, als die Bauern ihr Getreide zu einer Mühle brachten, um es zu Mehl mahlen zu lassen. Es muss wohl etliche nicht ganz ehrliche Müller gegeben haben, die einen Teil des entstandenen Getreidepulvers für sich abgezweigt und nicht in die Säcke der Bauern abgefüllt haben. Diese Gauner haben die Bauern übervorteilt und etwas für sich selbst «abgestaubt».

Etwas abkupfern

Wenn etwas «abgekupfert» ist, dann ist es ein Plagiat, eine Fälschung oder eine illegale Kopie.

Diese Redewendung geht auf den Beruf der Kupferstecher zurück. Das waren Kunsthandwerker, die vor allem vom 15. bis ins frühe 19. Jahrhundert in Malerwerkstätten Gemälde kopiert oder druckfähig gemacht haben. Diese Tätigkeit verlangte großes handwerkliches Können und war für Außenstehende in ihrer Ausführung nicht ohne weiteres nachvollziehbar.

Besonders weil diese Kupferstecher theoretisch auch Papiergeld fälschen konnten, schlugen ihnen oft Misstrauen und Geringschätzung entgegen. Aus dieser Zeit stammt auch die spöttische Anrede «Mein lieber Freund und Kupferstecher».

Durch Abwesenheit glänzen

Die Redewendung ist eine ironische Kritik an jemandem, der eigentlich anwesend sein sollte, aber nicht erschienen ist.

Die Wurzeln dieser Formulierung liegen im antiken Rom: Hier war es Brauch, dass die Familienangehörigen eines Verstorbenen bei der Beerdigung den Trauerzug anführten und dabei Bilder der gemeinsamen Vorfahren vor sich hertrugen. Der im 19. Jahrhundert überaus beliebte französische Dramatiker Marie-Joseph Chénier hat die Formulierung von den auf diesen Bildern gerade durch ihre Abwesenheit glänzenden Ahnen dann in einem seiner Stücke verwendet, woraufhin sie recht schnell an Popularität gewann.

Ein weiterer Beleg findet sich beim römischen Geschichtsschreiber Tacitus: Bei der Beerdigung von Brutus' Schwester Julia fehlten sowohl Brutus als auch Cassius (Gemahl der Julia), da sie sich als Mörder Caesars nicht blicken lassen konnten. In einer Quelle von Tacitus heißt es: «Aber Cassius und Brutus leuchteten gerade dadurch hervor, dass ihre Bilder nicht zu sehen waren.»

Ich glaub, mich laust der Affe

Diese Redewendung ist ein Ausdruck der Verblüffung und der Überraschung. Sie ist verwandt mit ähnlichen Formulierungen, in denen unmögliches oder zumindest extrem unwahrscheinliches Verhalten von Tieren vorkommt. (Vgl. Dr. Wort, *Klappe zu, Affe tot*, S. 165)

Jeder Zoobesucher kennt das gesellige Verhalten von Affen, die gegenseitige Fellpflege betreiben, indem sie abgestorbene Hautschuppen entfernen und häufig auch Salzkristalle knabbern, die sie im Fell des anderen gefunden haben. Läuse spielen bei diesen sozialen Ritualen im Übrigen kaum eine Rolle.

Schon vor Jahrhunderten haben Menschen in Deutschland dieses Ritual beobachten können, zum Beispiel bei den Affen umherziehender Schausteller oder auf Jahrmärkten. Es mag sein, dass der eine oder andere Affe auch mal einen der Zuschauer durch «Lausen» verwöhnt hat, aber auch wenn nicht, war es zumindest eine ungewöhnliche und bizarre Ansicht, und so ist die Redewendung in die Alltagssprache eingegangen und bis heute weit verbreitet.

Allerhand

«Das ist ja allerhand!», ruft man aus, wenn man seine Entrüstung über ein Verhalten oder einen Vorgang ausdrücken möchte, den man missbilligt. In einer zweiten Bedeutung wird das Wort «allerhand» auch als unbestimmtes Zahlwort benutzt, das eine Ansammlung verschiedener Dinge bezeichnet, so zum Beispiel: Auf dem Tisch lag allerhand Werkzeug herum.

Schon im 16. Jahrhundert ist eine Formulierung üblich gewesen, mit der man verschiedene Dinge unterschiedlicher Herkunft zusammengefasst hat: «Diese Dinge sind aller hande.» Damit wurde ausgedrückt, dass diese Dinge aus allerlei verschiedenen Händen stammten. Dieses «aller hande» ist dann später zusammengezogen worden zu dem uns heute geläufigen «allerhand». Und auch wir benutzen das Wort «allerhand» nicht, wenn zum Beispiel 20 völlig identische Tassen auf dem Tisch stehen, allerhand Tassen sind das nur, wenn es sich um ein buntes Durcheinander handelt.

Ganz ähnlich verhält es sich mit dem entrüsteten Ausruf «Das ist ja allerhand!». Hier hat jemand nicht nur etwas Unerhörtes getan, sondern sich gleich eine ganze Reihe verschiedener Frechheiten geleistet, quasi einen bunten Strauß an Unverschämtheiten.

Kurz angebunden sein

«Kurz angebunden» ist man, wenn man sich mürrisch, abweisend und unfreundlich verhält und im Gespräch nur das Allernötigste von sich gibt.

Schon Martin Luther hat diese Redewendung gebraucht, und sie ist auch heute noch üblich. Sie geht höchstwahrscheinlich zurück auf die früher weit verbreiteten Hofhunde der Bauern, die in der Regel relativ kurz angebunden oder angekettet wurden. Und solche Hunde reagieren besonders aggressiv und wütend auf Eindringlinge und sind in der Tat oft gefährlich und bissig.

Zwar nicht bissig, aber zumindest unfreundlich verhalten sich auch Menschen, die kurz angebunden sind.

Jemandem etwas anhängen

Wenn man jemandem «etwas anhängen» will, dann erzählt man Schlechtes über ihn, betreibt üble Nachrede oder bezichtigt ihn zu Unrecht.

Die Redewendung geht zurück auf den früheren Brauch, Straftätern Zettel anzuhängen, auf denen ihre Vergehen zu lesen waren. Zusätzlich oder anstelle dessen wurden auch oft Gegenstände benutzt, die symbolisch das Delikt darstellten, so zum Beispiel bei einem Dieb der gestohlene Gegenstand, bei Säufern eine Flasche und bei bösartigen Frauen ein Besen (als Anspielung auf einen Hexenbesen).

Noch vor wenigen Jahrzehnten machten die Nazis gern und häufig Gebrauch von diesem entwürdigenden Ritual des Anhängens – sozusagen als Revival finsterer Zeiten –, wenn im Zuge der Judenverfolgung Menschen mit entsprechenden diffamierenden Schildern behängt wurden.

Jemanden anhimmeln

Wer jemanden «anhimmelt», der schwärmt heftig für diese Person, verehrt sie in übertriebener Weise, ist quasi ein Extremfan.

Man könnte meinen, die Redewendung kommt daher, dass man zu einem Menschen aufschaut, also in Richtung Himmel. Das ist auch nicht ganz falsch, aber die Formulierung hat noch einen tieferen, religiösen Ursprung.

Gläubige Christen, denen daran gelegen ist, die Zehn Gebote genau zu befolgen, dürfen den Namen Gottes nicht achtlos oder missbräuchlich benutzen. Und so war es ihnen zumindest früher nicht möglich, davon zu sprechen, dass jemand einen anderen Menschen so sehr verehrt, dass er ihn sprichwörtlich vergöttert. Jetzt kam der Himmel ins Spiel, und zwar als sogenanntes Hüllwort, von Fachleuten auch Euphemismus genannt. Man hat das Tabuwort «Gott» kurzerhand durch den Himmel ersetzt, und statt jemanden zu vergöttern, hat man ihn einfach angehimmelt.

Jemanden anschwärzen

Wenn man jemanden verpetzt, verrät, verleumdet oder schlecht macht, dann «schwärzt man ihn an», zum Beispiel beim Chef oder beim Lehrer.

Die Farbe Schwarz steht im westlichen Kulturkreis für ganz gegensätzliche Dinge. Einerseits ist es die Farbe der Würde und der Feierlichkeit – man denke nur an die schwarzen Limousinen der Politiker –, andererseits ist Schwarz aber auch die Farbe des Todes, der Trauer und des Teufels. Darüber hinaus bezeichnet «Schwarz» im alltäglichen Sprachgebrauch verbotene Tätigkeiten, zum Beispiel Schwarzarbeiten, Schwarzfahren oder Schwarzbrennen, die illegale Alkoholherstellung.

Beim Anschwärzen geht es eindeutig um genau diese negativen Aspekte. Die Redewendung existiert in vielen Sprachen und ist hervorgegangen aus den Formulierungen «jemanden schwarz machen» oder «jemanden schwarz malen». Da schwingt jemand bildhaft einen großen Pinsel mit schwarzer Farbe und malt sein Opfer an, bis es für alle sichtbar so richtig angeschwärzt ist.

Etwas aus dem Ärmel schütteln

Wer etwas «aus dem Ärmel schüttelt», dem fällt eine Aufgabe leicht. Er kann sie ohne Mühe erledigen, spielerisch und anscheinend unvorbereitet.

Die Kleidung im späten Mittelalter war in der Regel sehr weit geschnitten, und das galt auch für die Ärmel. Man konnte sie als Taschen benutzen, zum Beispiel für Geld, Papiere und andere kleinere Dinge.

Wenn man etwas brauchte, konnte man es dann ganz leicht aus dem Ärmel zum Vorschein bringen. Auch Gaukler und Zauberer haben so ihre Utensilien aufbewahrt und konnten bei Vorführungen und Auftritten die dollsten Tricks einfach so «aus dem Ärmel schütteln».

Armleuchter

Als «Armleuchter» tituliert man einen Menschen, wenn man ihn für dumm, trottelig, geistig beschränkt oder total unfähig hält.

Armleuchter sind tragbare Kerzenständer, bei denen von einem zentralen Schaft zwei oder mehr Arme abgehen, auf denen man Kerzen anbringen kann.

Früher dienten sie als tragbare Lichtquelle, wobei das Licht, das sie erzeugten, wohl eher trübe und funzelig war und nur zu einer begrenzt guten Sicht verhalf. Jemand, der mit einem solchen Armleuchter unterwegs war, machte also einen mehr oder weniger unbeholfenen und trotteligen Eindruck. Manche Autoren leiten den Ursprung des Schimpfwortes davon ab.

Höchstwahrscheinlich liegt der Ursprung aber ganz woanders: Ordinäre Ausdrücke werden häufig durch harmlosere Wörter ersetzt, indem man sogenannte verhüllende Floskeln mit dem gleichen Anfangslaut gebraucht. So fluchen manche Menschen «Scheibenkleister!», wenn sie das eigentlich gemeinte Verdauungsprodukt mit den gleichen Anfangsbuchstaben nicht aussprechen wollen. Genauso verhält es sich vermutlich mit dem Armleuchter. Eigentlich ist die untere Körperöffnung eines Menschen gemeint, die auch mit «A» anfängt. Aber man kann die Beschimpfung abmildern und in letzter Sekunde die Kurve kratzen, indem man stattdessen sagt: «Du bist ein Riesen...armleuchter!»

Der Arsch geht auf Grundeis

Wenn einem «der Arsch auf Grundeis geht», dann hat man große Angst oder einen Riesenschreck bekommen.

Grundeis bildet sich in kalten Wintern vor allem in Flüssen, wo im Gegensatz zu stehenden Gewässern, also Teichen und Seen zum Beispiel, nicht die Oberfläche zuerst gefriert. Weil das Wasser sich in lebhaften Fließgewässern ständig durchmischt, kann auch am Flussgrund Frost herrschen und sich somit Eis bilden. Wenn dieses Grundeis dann bei Tauwetter losbricht, kann man manchmal polternde, rumpelnde Geräusche hören.

Solche Klänge entstehen auch, wenn Menschen große Angst empfinden. Die Panik schlägt bekannterweise durch auf die Verdauung, der Magen rebelliert und rumort. Im schlimmsten Fall kommt es zu Durchfall mit der entsprechenden schrecklichen Geräuschkulisse, die so klingt, als bräche das Grundeis.

Asche auf mein Haupt

Die Redewendung bedeutet, dass man eine Schuld eingesteht, dass man eine Tat bereut und Buße tun will.

Schon im Altertum ist die Asche ein Symbol für Trauer, Buße und Umkehr gewesen. Und seit dem 11. Jahrhundert geht die ausschweifende, wilde Karnevalszeit für viele Christen mit einem Tag zu Ende, an dem die Menschen ihre Sünden bereuen sollen und sich symbolisch Asche aufs Haupt streuen. Noch heute heißt dieser Tag deswegen Aschermittwoch.

Außerdem gab es im Altertum den Brauch, sich Asche von Verstorbenen auf Kopf und Kleidung zu streuen und so seine Trauer zu zeigen.

Heute hat sich die Redewendung von ihren altertümlichen Wurzeln gelöst und bedeutet ganz allgemein, dass man Mist gebaut hat und seinen Fehler bereut.

Aufhebens machen

Wer viel «Aufhebens» um eine Sache macht, der bauscht sie unnötig auf, er macht sie bedeutender, als sie eigentlich ist.

Das Fechten ist früher weit mehr gewesen als eine Kampfsportart unter vielen. In adeligen und bürgerlichen Kreisen war das Fechten seit dem Mittelalter über viele Jahrhunderte die zentrale Form der Selbstverteidigung bei Angriffen oder Duellen. Es war sogar so populär, dass es auf Jahrmärkten und Volksfesten sogenannte Schaufechter gab, die zur Volksbelustigung gegeneinander antraten.

Und weil man schon damals wusste, wie das Showgeschäft so läuft, legten die Kontrahenten vor den Kämpfen ihre Waffen auf den Boden, wo sie dann in einer aufwendigen Zeremonie ausführlich begutachtet und verglichen wurden. Erst wenn dieses Vorspiel vorbei war, hat man sie wieder aufgehoben und der eigentliche Kampf konnte losgehen. Und in diesem «Aufheben» liegt der Ursprung der Redewendung: Wer viel Aufhebens um etwas macht, der macht viel Wind, veranstaltet eine große Show, aber er kommt nicht zum Wesentlichen der Sache.

Etwas auseinanderklamüsern

«Klamüsern» bedeutet, eine meist komplizierte Angelegenheit genau zu studieren, über sie nachzudenken oder ein komplexes Problem zu lösen. Für manche ist es eine Umschreibung für ziel- und planloses Rumfummeln, andere benutzen den Begriff im umgekehrten Sinne: Für sie ist das Klamüsern gekennzeichnet durch sorgfältige Planung – im Unterschied zum «Friemeln» oder «Fummeln».

«Klamüsern» ist tatsächlich ein anerkanntes deutsches Verb und in allen Ehren und mit allen Konjugationsformen in den Duden aufgenommen worden. Das Wort geht zurück auf eine alte Bezeichnung für Menschen, die einsam und zurückgezogen über ein Problem nachdenken und an einer Lösung arbeiten. Solche Einzelgänger oder Stubenhocker hießen früher «Kalmäuser» (wahrscheinlich nach der Sumpfpflanze Kalmus, aus der Schreibgeräte hergestellt wurden). Im Niederdeutschen nannte man sie auch «Klamüser».

Die Beschränkung auf den einsamen Tüftler gibt es heute nicht mehr, man kann ohne weiteres auch zu zweit oder in einer Gruppe an etwas herumfummeln, herumfriemeln oder es eben auseinanderklamüsern.

Etwas ausgefressen haben

Wer etwas «ausgefressen» hat, der hat etwas Verbotenes getan oder etwas angestellt. Im Allgemeinen sind mit dieser Redewendung eher harmlose Vergehen gemeint.

Die Erklärung für die Herkunft dieser Redewendung aus dem 18. Jahrhundert ist relativ naheliegend und einfach, aber trotzdem benutzen wir alle sie unbewusst, ohne uns über den Ursprung Gedanken zu machen. Sie geht tatsächlich zurück auf unsere Haustiere, auf Hunde und Katzen, die sich manchmal unerlaubterweise die eine oder andere Leckerei stehlen oder die mit Essen gefüllten Töpfe der Menschen im wahrsten Sinne des Wortes «ausfressen». Zumindest Hunde «warten» in solchen Fällen mit demütigem Blick auf ihre Bestrafung, und so wird klar, dass sich das «Ausfressen» eher auf der Ebene mehr oder weniger harmloser Vergehen bewegt und vor allem in Bezug auf Tiere und kleine Kinder Anwendung findet, nicht im Bereich der Schwerkriminalität von Erwachsenen. Bei einem korrupten Wirtschaftsboss oder Politiker würde nie jemand auf die Idee kommen, zu sagen: «Och, der hat doch bloß was ausgefressen.»

Mit dem Auto liegen bleiben

Bei einer Panne sprechen wir davon, dass wir mit dem Auto «liegen geblieben» sind – auch wenn ein kaputtes Auto gar nicht liegt, sondern nach wie vor auf der Straße steht.

Diese auf den ersten Blick unsinnig erscheinende Formulierung hängt mit den jeweiligen Bedeutungen zusammen, die wir mit den Verben «stehen» und «liegen» verbinden.

Wenn jemand steht, dann ist er in der Lage, sich in der nächsten Sekunde weiterzubewegen, deshalb stehen wir mit dem Auto zum Beispiel auch an einer Ampel. Wer aber liegt, der ist krank oder schläft. Er wird in der Regel eine Weile in dieser Position bleiben und kann sich nicht ohne weiteres sofort entfernen. Deshalb bleibt ein defektes Auto auch zunächst einmal stehen. Wenn es allerdings nicht schnell wieder fahrbereit ist, sprechen wir davon, dass es liegen geblieben ist.

Das ist übrigens nicht die einzige sprachliche Merkwürdigkeit rund ums Auto. Häufig identifizieren wir uns so stark mit unseren Fahrzeugen, dass wir sie sprachlich völlig mit unserer Person gleichsetzen. Auf die Frage nach dem Parkplatz unseres Autos sagen wir dann Sachen wie: «Ich stehe da vorn.» Oder wenn das Auto in die Werkstatt muss: «Mein Auspuff ist kaputt.» Das wünscht man ja wirklich niemandem, und es muss für den Betroffenen sicherlich höchst unangenehm sein.

Ach du liebes bisschen!

Blaues Blut

In Bausch und Bogen

Sich einen hinter die Binde gießen

Böhmische Dörfer

Binsenweisheit

Da steppt der Bär

Bescheuert sein

Bulle

Volles Brett

Blauer Brief

B

Bammel vor etwas haben

Bananenrepublik

Bohei machen

Dreimal ist Bremer Recht

Bullenhitze

Bammel vor etwas haben

Wer «Bammel vor etwas hat», der empfindet Angst vor etwas, er fürchtet sich.

Der Bammel geht auf eine sehr unschöne und grausame Einrichtung zurück, die aber früher zum Alltag der Menschen gehörte: den Galgen. Wer am Galgen hing, der schaukelte, baumelte oder bammelte eben hilflos hin und her. Bei dem bekannten deutschen Schriftsteller Hans Fallada findet sich zum Beispiel die Formulierung: «Am Galgen soll der Hund mir bammeln müssen.»

Deswegen wird die Redewendung auch heute noch am häufigsten in Bezug auf Strafen gebraucht, so hat man Bammel vor Eltern, Lehrern und manchmal auch Vorgesetzten.

Bananenrepublik

Als «Bananenrepublik» bezeichnet man Staaten, in denen Korruption und Bestechlichkeit dominieren, deren Rechtssystem ausgehöhlt ist oder in denen staatliche Willkür herrscht.

Der Ausdruck entstand im frühen 20. Jahrhundert und bezog sich zunächst auf mittelamerikanische Staaten, die im Wesentlichen Bananen exportierten. Sie gerieten recht bald in völlige Abhängigkeit von den großen US-amerikanischen Konzernen, wie der *Standard Fruit Company* und der *United Fruit Company,* die wir heute unter den Namen *Dole* beziehungsweise *Chiquita* kennen. Letztere Firma kontrollierte etwa in Guatemala nicht nur den Bananenhandel, sondern auch die Post, den größten Hafen, den Telegrafendienst und die elektrische Versorgung des Landes. Eine saubere, unabhängige Politik war unter diesen Umständen nicht mehr realisierbar.

Hier liegt der Ursprung der Bezeichnung «Bananenrepublik». Heute wird sie unabhängig von der geographischen Lage benutzt, wenn irgendwo auf der Welt Fälle von Korruption, Vetternwirtschaft oder Willkür bekannt werden.

Da steppt der Bär

Die Redewendung gebraucht man, wenn auf einer Party oder bei einer Veranstaltung richtig viel los und die Stimmung sehr gut ist, wenn es also richtig abgeht.

Noch vor wenigen Jahrhunderten wurden in Deutschland sogenannte Tanzbären auf Jahrmärkten und bei Tiershows vorgeführt, die sich auf Kommando zur Musik bewegten. Die Dressur war extrem brutal, die Tiere litten unter schmerzhaften Nasenringen und lernten ihre scheinbaren Tanzschritte, indem man ihnen mit heißen Blechen oder glühenden Kohlen Bewegungsmuster eintrichterte. In Osteuropa, Vorderasien, Indien und Pakistan ist diese Tierquälerei heute noch üblich.

Wer möchte, kann vor diesem Hintergrund auf diese Formulierung verzichten und eine andere verwenden, die dasselbe bedeutet: Da «boxt der Papst im Kettenhemd». (Solche Redewendungen wurden in den 1980er und 1990er Jahren populär, als man Tiere und Menschen mit ihren Tätigkeiten gern in verrückte Zusammenhänge brachte und das Ganze als extrem witzig empfand: «Ich glaub, mich knutscht 'n Elch» und so weiter.)

Immerhin hat noch nie ein Papst ein Kettenhemd getragen, und boxen musste zum Glück auch noch keiner.

In Bausch und Bogen

Wer etwas «in Bausch und Bogen» ablehnt oder kritisiert, lehnt es komplett ab, und zwar ohne zu differenzieren oder auf Einzelheiten einzugehen.

Diese Redewendung stammt aus dem Handel mit Grundstücken, die ja keineswegs immer schön rechteckig sind, sondern recht häufig eher unregelmäßige statt schnurgerader Grenzen haben. Früher nannte man eine solche Einbuchtung der Grundstücksgrenze nach innen «Bogen» und das Gegenteil, die Ausbuchtung nach außen, «Bausch». Wer also ein Grundstück in «Bausch und Bogen» kaufte, erwarb es so, wie es war, egal wie schief und krumm der Grenzverlauf war.

Das Wort «Bausch» hat auch in einer weiteren Formulierung bis heute überlebt: Wenn jemand einen Sachverhalt übertrieben darstellt, ihn also unnötig dramatisiert, sagen wir heute noch: «Er hat die Sache unnötig aufgebauscht.»

Bescheuert sein

Wer «bescheuert» ist, der ist schlicht doof, er blickt nicht durch oder ist geistig nicht so recht fit. Man kann heutzutage aber auch andere Phänomene bescheuert finden, wie zum Beispiel ein Automodell, einen Film oder eine Mode.

Prof. Dr. Lutz Röhrich, der absolute Experte auf dem Gebiet der Redensarten, sozusagen der Papst der deutschen Redewendungen, erklärt, diese Formulierung ginge auf eine psychiatrische Einrichtung in Scheuern bei Nassau zurück, aber diesmal dürfte sich der Fachmann wirklich vertan haben.

«Scheuern» hatte früher nicht nur die Bedeutung, die es heute noch immer hat, sondern bedeutete außerdem dasselbe wie «schlagen», «hauen» oder «kloppen». Deswegen ist im Volksmund jemand, dem viel gegen den Kopf geschlagen wurde, bekloppt. Und genauso geht es jemandem, dem sehr oft eine gescheuert wurde: Die Langzeitfolgen sind höchst unerfreulich, der arme Mensch gilt als bescheuert.

Sich einen hinter die Binde gießen

Wer sich so richtig «einen hinter die Binde gießt, kippt oder schüttet», der trinkt Alkohol, bis er offensichtlich betrunken ist.

Die Redensart ist ungefähr 1850 aufgetaucht und hat ihren Ursprung in der Mode der damaligen Zeit, genauer gesagt, in der Hemdenmode. Seinerzeit waren die sogenannten Schlupfhemden ohne Knöpfe sehr beliebt, die im Ganzen übergezogen wurden. Im Halsbereich hatten sie einen eingenähten Seilzug, mit dem die Größe des Ausschnitts an den Umfang von Kopf und Hals des jeweiligen Trägers angepasst werden konnte. Das war die sogenannte Binde. Alles, was man trank, goss man sich somit «hinter die Binde».

Es ist schon erstaunlich: Die Mode hat sich seither zigmal geändert, aber zumindest in der Redensart hat die Binde überlebt.

Binsenweisheit

Eine «Binsenweisheit» ist eine Aussage, die bedeutungslos ist, weil ihr Inhalt allgemein bekannt, selbstverständlich und somit banal ist.

Binsen sind grasartige Pflanzen, die bevorzugt an feuchten oder nassen Standorten wachsen. Weltweit gibt es etwa 300 Arten, in Deutschland immerhin rund 30. Mit anderen Worten, jeder kennt Binsen beziehungsweise jeder hat sie zumindest schon einmal gesehen, sie sind völlig alltäglich und komplett durchschnittlich. Außerdem ist die Struktur der Stängel bei Binsen anders als bei vielen anderen Pflanzen: Hier gibt es keine Knoten oder Verdickungen, stattdessen sind die Stängel einfach und glatt.

Wenn also jemand etwas allgemein Bekanntes von sich gibt, das außerdem simpel und absolut selbstverständlich ist, sprechen wir deshalb von einer Binsenweisheit.

Ach du liebes bisschen!

Diese Formulierung ist ein Ausruf des Erstaunens oder des Erschreckens, allerdings nur bei Anlässen, die nicht so dramatisch sind. Man ist also nur ein «bisschen» erschrocken, sodass die Redewendung eigentlich bedeutet: «Ach du lieber kleiner Schreck!»

Die Redewendung ist relativ jung, erst im späten 19. Jahrhundert ist sie populär geworden. Die Formulierung geht auf unser Essen zurück und drückte ursprünglich aus, dass wir davon nur einen kleinen Biss, also ein «Bisschen» nehmen. Zunächst ist sie auch ausschließlich in diesem Sinn verwendet worden, als kleiner «Happs», den man sich gönnt.

Später ist das «Bisschen» dann im übertragenen Sinne verwendet worden, für alles, was die Bedeutung «klein» beziehungsweise «wenig» hat. Heute kann man auch ein bisschen müde sein, ein bisschen zu spät kommen oder eben auch ein bisschen erschrecken. Und das Ganze, ohne vor einer Mahlzeit sitzen zu müssen.

Blaues Blut

Über Angehörige von Adelshäusern wird oft gesagt, sie hätten «blaues Blut».

Diese Formulierung wird heute fast nur noch in ironisierender Absicht verwendet. Sie ist um 1810 im deutschen Sprachraum populär geworden, ihre Ursprünge liegen aber im Spanien des Mittelalters.

Dort stammte damals ein Großteil des Adels von den ostgermanischen Goten ab, und es gab viele Heiratsverbindungen mit nordeuropäischen Adelshäusern. Als Folge entsprach ein Teil des spanischen Adels nicht dem mediterranen Menschentyp mit dunklen Haaren und relativ brauner Haut, sondern war eher blond und hellhäutig. Diese vornehme Blässe galt als Schönheitsideal und unterschied den Adel sichtbar vom niederen Volk. Deshalb wurde in diesen Kreisen auch die Sonne streng gemieden, um eine eventuelle Bräunung zu vermeiden.

Wenn aber jemand so blass ist, sieht man durch die weiße Haut oft die Adern durchscheinen, die dann bläulich schimmern. So war es auch bei den spanischen Adligen, und so entstand die Legende vom blauen Blut der Aristokratie.

Bohei machen

«Bohei» heißt keine seltene Haifischart, und es ist auch keine japanische Kampfsportart, wie man vielleicht vermuten könnte. Wenn jemand viel «Bohei» macht, dann verursacht er viel Wirbel wegen einer Kleinigkeit, er erzeugt Aufregung um eine Sache, die es eigentlich nicht wert ist.

Das Wort «Bohei» existiert in den verschiedensten Schreibweisen: mal mit «o», mal mit «u», also «Buhei», und in Österreich sogar als «Bahö», «Bahöl» oder «Bahöö».

Mit einiger Sicherheit ist die Redewendung im westdeutschen Sprachraum entstanden. Wahrscheinlich geht sie auf das hebräische Wort «palhe» zurück, das für Lärm und Radau steht. Und wie viele hebräische Wörter hat es dann Eingang in die alte

Gaunersprache Rotwelsch gefunden und ist im Laufe der Zeit zum Bohei geworden. Wer einen Bohei macht, veranstaltet also einen Tumult.

Böhmische Dörfer

Wenn ich etwas überhaupt nicht verstehe, wenn mir Dinge völlig unerklärlich und rätselhaft erscheinen, dann sind das für mich «böhmische Dörfer».

Im deutsch-tschechischen Grenzgebiet lag früher das Königreich Böhmen. Und wie überall in Grenzregionen haben sich hier kulturelle und eben auch sprachliche Inhalte vermischt. Besonders die tschechischen Ortsnamen erschienen den Deutschen seinerzeit völlig rätselhaft und unerklärlich und wurden so zum Symbol für etwas komplett Unverständliches.

Schon Ende des 16. Jahrhunderts war die Redewendung von den böhmischen Dörfern bekannt, und als Böhmen im Dreißigjährigen Krieg weitgehend verwüstet wurde, erlangte sie noch einen größeren Bekanntheitsgrad. Jetzt waren nicht nur die Ortsnamen unverständlich, sondern die Orte selbst waren teilweise völlig zerstört. Man konnte nicht einmal mehr richtig erkennen, was es hier einmal gegeben hatte: Es waren nur noch böhmische Dörfer.

Dreimal ist Bremer Recht

Die Redewendung wird im Bremer Raum, aber auch in Oldenburg und in Ostfriesland in jeweils regionalen Varianten häufig gebraucht, und zwar zu allerlei passenden (und unpassenden) Anlässen, die die Zahl «Drei» beinhalten. Es kann das dritte Bier sein, das jemand so rechtfertigt, das dritte Auto oder der dritte Versuch in einer Sportart.

Die Zahl «Drei» galt schon im Altertum als heilige oder auch göttliche Zahl, entsprechend spielt sie eine bedeutende Rolle in Religion und Mythologie. So ist die Dreifaltigkeit ein zentrales Element des Christentums, und auch in anderen Glaubenslehren nimmt die Drei eine wesentliche Stellung ein. Sie entfaltet ihre Wirkung aber auch im Volksglauben. Bei einer Fee hat man drei Wünsche frei, wir sagen «aller guten Dinge sind drei», in Witzen treten häufig drei Personen auf, im Mittelalter wurde dreimal im Jahr Gericht gehalten, und am Gerichtsplatz standen häufig drei Eichen.

Besonders ausgefeilt war der Kult um die Drei im Bremer Raum auch, weil sich das Bremer Stadtrecht hier mit dem Seerecht und dadurch mit weiteren Dreier-Regeln verbunden hat: Zum Beispiel galt ein Matrose erst nach dreimaliger erfolgloser Vorladung wegen eines Vergehens als schuldig, drei Mahlzeiten täglich mussten an Bord gereicht werden, und bei Seebestattungen wurde «Een, twee, drie, in Gods naam!» gerufen. All diese Vorschriften und Rituale wurden von der magischen Zahl «Drei» bestimmt – und hier liegt auch der Ursprung für die Redewendung vom dreimaligen Bremer Recht.

Volles Brett

«Volles Brett» bedeutet meistens «extrem laut», aber auch «sehr intensiv» oder «sehr schnell».

Diese Redensart ist in den 1970er Jahren aufgekommen, und sie hängt mit den damals populären Musikstilen zusammen. Neben Disco, Glam Rock und Punk waren es vor allem Hard Rock und Heavy Metal, die in diesem Jahrzehnt eine rasante Entwicklung durchgemacht haben.

Insbesondere die beiden letztgenannten Stile sind ja nicht grade für dezente Zurückhaltung bekannt, sondern eher für brachiale Lautstärke. Ihr Hauptinstrument war natürlich nicht die bauchige Akustikgitarre der Blumenkinder der 1960er, sondern die flache E-Gitarre, die man damals auch Brettgitarre genannt hat. Und wenn dann so eine Combo in voller Lautstärke losgelegt hat, waren die Fans begeistert: «Geil, klasse ... volles Brett!»

Es ist auch noch eine weitere Quelle denkbar, die für diese Formulierung eine Rolle gespielt haben könnte: In Österreich nennt man Skier auch Brettln. Und auf denen kann man durchaus hohe Geschwindigkeiten erreichen und die Piste «runterbrettern».

Blauer Brief

«Blaue Briefe» sind Benachrichtigungsschreiben der Schule an Schülerinnen und Schüler, deren Versetzung gefährdet ist. Manchmal werden auch Kündigungsschreiben als «blaue Briefe» bezeichnet.

Die Bezeichnung stammt aus dem 18. Jahrhundert. Damals wurden in Preußen Anordnungen des Königs in versiegelten und blickdichten Kuverts versendet, in Umschlägen also, durch die man nichts lesen konnte. Das hierfür verwendete Papier wurde damals häufig aus Lumpen hergestellt, besonders oft aus Stoffresten der preußischen Armeeuniformen – und die waren dunkelblau, genauer gesagt preußischblau. So wurden wichtige hoheitliche Anordnungen zu blauen Briefen.

In den USA hat man's ja gern etwas niedlicher: Dort werden Kündigungsschreiben in rosa Umschlägen verschickt und heißen *«pink slips»*. Ein klarer Fall von: Andere Länder, andere Farben.

Bulle

«Bulle» ist eine häufige umgangssprachliche Bezeichnung für Polizisten.

Ganz sicher lässt sich der Ursprung des ordnungshütenden «Bullen» nicht mehr herleiten. Fest steht aber, dass diese Bezeichnung zunächst in der alten Gaunersprache Rotwelsch gebräuchlich war und von dort in den alltäglichen Sprachgebrauch gelangt ist.

Höchstwahrscheinlich geht sie zurück auf das niederländische Wort «bol», das so viel wie Kopf bedeutet, im übertragenen Sinne aber auch einen klugen Kopf, also einen schlauen Menschen, bezeichnet. Daraus sind dann im 18. Jahrhundert die Begriffe «Bohler» oder auch «Landpuller» als Bezeichnungen für Polizisten entstanden und im Rotwelschen schließlich besagter «Bulle», der dann in die deutsche Alltagssprache gefunden hat.

Interessant ist, dass dieser Begriff zunächst eine positive Bedeutung hatte und einen pfiffigen Menschen bezeichnete. Erst später wurde das Wort «Bulle» als beleidigend empfunden und sein Gebrauch teilweise mit Geldbußen geahndet. Das Rechtsempfinden diesbezüglich hat sich allerdings in den letzten Jahren wieder geändert. Die Bezeichnung als «Bulle» gilt nicht mehr in jedem Fall als beleidigend. So durfte Ottfried Fischer etwa im Fernsehen unbehelligt seinen Ehrentitel tragen als *Bulle von Tölz.*

Bullenhitze

Wenn eine «Bullenhitze» herrscht, dann bedeutet das schlicht und ergreifend, dass die Hitze sehr groß ist. Unter 30 Grad geht da gar nichts.

Dieses Wort gehört zu den sogenannten Augmentativbildungen. Hinter diesem schrecklichen Fachwort steckt ein an sich simpler Sachverhalt: Wir nehmen oft Begriffe, zum Beispiel Tiernamen, und verbinden sie mit dem Wort, das wir beschreiben wollen. Heraus kommen so hübsche Wortschöpfungen wie der Bärenhunger, das Affentempo oder eben auch die Bullenhitze. Wichtig ist nur, dass das Tier den Menschen nahesteht oder in irgendeiner Form extreme Eigenschaften hat. Bären sind sehr groß und sehr hungrig, Affen sind sehr schnell und sehr wendig, und Bullen sind sehr groß und sehr massig. Die Tiernamen verlieren in diesen neuen Zusammenhängen völlig ihre ursprüngliche Bedeutung und stehen nur noch für das «sehr», also als Verstärkung des Gesagten.

Auch in der Hölle geht es relativ extrem zur Sache, weswegen auch sie als verstärkendes Wortelement sehr beliebt ist. Wenn irgendwo ein Höllenlärm herrscht, sollte man sehen, dass man schnell wegkommt, am besten im Höllentempo.

Viele Hörerinnen und Hörer haben immer wieder nach Redewendungen mit solchen augmentativen Wortbestandteilen gefragt, deshalb hier noch einige Beispiele, in denen der erste Wortteil nur die verstärkende Bedeutung von «sehr» hat: Man kann einen Bärenhunger haben, bierernst sein, einen Riesenspaß haben, einen Riesenblödsinn machen, es kann saukalt sein, etwas geschieht im Affentempo oder ist affengeil, man fühlt sich vielleicht hundemüde (siehe auch Seite 86) oder hundeelend, man kann einen Mordsspaß haben und und und …

D

Nicht ganz dicht sein

Deadline

Auf den letzten Drücker

Dito oder dto.

Jemandem einen Denkzettel verpassen

Dulli

Deadline

Eine «Deadline» ist ein bestimmter Termin, bis zu dem eine Aufgabe spätestens erledigt sein muss.

Der US-amerikanische Bürgerkrieg von 1861 bis 1865, auch Sezessionskrieg genannt, war der erste Krieg mit Massenschlachten und modernen Waffen. Immerhin fast vier Millionen Soldaten waren im Einsatz, und entsprechend hoch war auch die Zahl der Opfer und der Gefangenen. Doch auf Letztere waren beide Seiten schlicht und ergreifend nicht vorbereitet, und so gab es keine gesicherten Lager, in denen die Kriegsgefangenen ausbruchssicher hätten untergebracht werden können.

Deshalb wurden auf freiem Feld riesige Vierecke markiert, und zwar einfach durch in die Erde geritzte Striche. Wer diese scharf bewachten Linien überschritt, wurde erschossen, es waren Deadlines, Todeslinien, im wahrsten Sinne des Wortes.

Wer im heutigen Berufsleben eine vom Chef gesetzte Deadline nicht einhält, den könnte das durchaus auch den Kopf kosten – zumindest karrieremäßig.

Jemandem einen Denkzettel verpassen

Wenn man jemandem einen «Denkzettel verpasst», dann bestraft man ihn und bringt ihn so zum Nachdenken. Ein Denkzettel kann auch eine unangenehme Erfahrung sein, durch die man etwas lernt.

Zurückzuführen ist die Redewendung auf das 16. Jahrhundert, als man den Schülern in den Klosterschulen bei wiederholtem schlechtem Benehmen oder Verstoß gegen die Schulregeln solch einen Denkzettel erteilt hat. Dieser hing an einer Schnur um den Hals, und darauf waren sämtliche Fehler des betroffenen Schülers notiert. Je nach Schwere des Verstoßes oder des Vergehens bemaß sich der Zeitraum, für den der Schüler diesen Denkzettel (auch Schandzettel genannt) auf dem Rücken tragen musste. So war er dem Gespött seiner Mitschüler bis zu mehrere Tage ausgesetzt. Zudem waren mit dem Denkzettel oft auch körperliche Züchtigungen verbunden. Kein Wunder, dass dieses Wort heute ausschließlich im negativen Sinne benutzt wird.

Im 15. Jahrhundert kannte man darüber hinaus auch den Gedenkzettel im hansischen Recht. Dabei handelte es sich um eine schriftliche Mitteilung oder Anordnung des Gerichts, also eine gerichtliche Vorladung. Auch das war sicherlich keine Einladung zu einer Spaßveranstaltung.

Nicht ganz dicht sein

Mit dieser Redewendung drückt man aus, dass jemand nicht ganz richtig im Kopf ist, irgendwie gaga und nicht zurechnungsfähig.

Der Ursprung dieser Formulierung liegt höchstwahrscheinlich bei den biologischen Gegebenheiten kleiner Babys. Sie müssen Windeln tragen, weil sie, was Urin und Stuhlgang angeht, noch nicht ganz «dicht» sind. Von ihnen ist die Redewendung dann übergegangen auf erwachsene Menschen, die wir für genauso unmündig halten wie kleine Kinder und die genauso wenig Verstand haben.

Der bayerische Politiker Edmund Stoiber war nicht nur bekannt für seine legendären Versprecher und Stottereien, nein, er hat auch den einen oder anderen wirklich guten Spruch rausgehauen und populär gemacht, unter anderem den folgenden: «Wenn jemand sagt, dass er für alles offen ist, dann ist er nicht ganz dicht.»

Dito oder dto.

Dieser Ausdruck bedeutet «ebenfalls, desgleichen, genauso». Egal, ob es sich um die gleiche Meinung, das gleiche Aussehen oder den gleichen Inhalt handelt, so zum Beispiel in der Aussage: «Wir müssen am Auto den Auspuff reparieren lassen, die Scheibenwischer und das Schiebedach dito.»

Der Ursprung von «dito» liegt im italienischen Tätigkeitswort «dire» für «sprechen», «etwas sagen» beziehungsweise dessen Partizip «detto», also «das bereits Gesagte». Im Sprachgebrauch der italienischen Kaufleute ist die Formulierung «a detto» im Sinne von «wie gesagt», «ebenso» sehr populär geworden und schließlich nach Deutschland gekommen. Langsam ist dann daraus unser «dito» geworden.

Heute hat die Formulierung die Welt der Kaufleute längst verlassen und wird ganz allgemein angewendet, so zum Beispiel wenn ich sage: Ich war gestern und vorgestern auf einer Party und morgen dito!

Auf den letzten Drücker

«Auf den letzten Drücker» bedeutet «in letzter Minute», «gerade noch rechtzeitig».

Mit dem Drücker könnte irgendein Knopf an einer Maschine gemeint sein oder ein Schalter an einem technischen Gerät. Aber warum dann der letzte Drücker? Das ergibt keinen rechten Sinn.

Eventuell kommt die Redewendung vom Kartenspielen, und der letzte Drücker bezeichnete den letzten entscheidenden Stich, den ein Spieler gemacht hat.

Die Dudenredaktion sieht die Sache aber ganz anders: Ihrer Meinung nach ist es der Türgriff – den man ja runterdrücken kann – des letzten Wagens eines abfahrenden Zuges, den ein Reisender gerade noch so erreicht. So kommt er doch noch zum Ziel, wenn auch «auf den letzten Drücker».

Dulli

Das Wort «Dulli» stammt aus der jugendlichen Szenesprache des frühen 21. Jahrhunderts und bedeutet, dass jemand nicht besonders pfiffig ist, sondern eher ein bisschen vertrottelt, dabei aber trotz allem noch liebenswert.

Bei Menschen über 30 findet sich der «Dulli» so gut wie nie im Sprachgebrauch, bei jüngeren dafür aber umso häufiger. Die heutige Jugendsprache importiert immer wieder mal englische Begriffe und übernimmt sie in die deutsche Umgangssprache. So auch in diesem Fall: «Dull» ist im Englischen ein Eigenschaftswort und bedeutet unter anderem so viel wie geistig beschränkt, nicht besonders helle, sondern eher trübe in der Rübe, also ein bisschen doof.

Das angehängte «i» ist eine Nachsilbe, mit deren Hilfe eine Verkleinerung oder Verniedlichung von Substantiven, in aller Regel von Personennamen, gebildet wird. Doch das gilt meist nur so lange, wie die betroffenen Personen uns sympathisch sind. So war es eine Zeitlang bei Klinsi, dann bei Schweini und Poldi, und so ist es auch beim Dulli. Eigentlich ist er ein Trottel, aber dabei eben irgendwie auch ganz liebenswert.

Eigenbrötler

Es geht ans Eingemachte

E

Du Eierloch

Erlkönig

Jemandem etwas einbrocken

Jemanden um die Ecke bringen

Jemanden einbuchten

Etwas ergattern

Eingefleischt sein

Jemanden um die Ecke bringen

Wer einen anderen Menschen «um die Ecke bringt», der begeht ein Kapitalverbrechen, denn er tötet ihn vorsätzlich, er ermordet ihn.

In diesem Fall ist es nicht so, dass das Wort «Ecke» eine alte, heute vergessene Bedeutung hätte, die man erst etymologisch erforschen muss. Gemeint ist hier tatsächlich die ganz normale Ecke, vor allem die Straßenecke. Die Redensart ist entstanden als anschauliches Bild dafür, dass ein Mensch plötzlich aus unserem Blickfeld verschwindet, so als ginge er um eine Ecke. Eben haben wir ihn noch klar vor Augen gehabt, jetzt scheint er verschwunden zu sein. Und wenn man ihn sogar um die Ecke gebracht hat, dann ist der Tatbestand klar: Man hat aktiv dafür gesorgt, dass er verschwindet, indem man ihn umgebracht hat.

Du Eierloch

Wenn kleine Kinder Fangen spielen, rufen sie oft: «Fang mich doch, du Eierloch!» Was ist ein Eierloch, und woher kommt der Begriff? Eine immer noch nicht restlos geklärte Frage.

Eine Theorie geht davon aus, dass das Eierloch in dieser Formulierung nur vorkommt, weil es sich so schön auf «Fang mich doch» reimt. Ein tieferer Sinn steckt demnach nicht dahinter.

Ein anderer Erklärungsansatz besagt, dass Kinder ein feines Gespür für sprachliche Tabubereiche haben, gleichzeitig aber sehr davon fasziniert sind. Und das Wort «Eierloch» bietet nun wirklich genug Anlass für unanständige Assoziationen. Wie auch immer, es klingt schön verächtlich, und das soll es ja auch, ist seine wichtigste Aufgabe doch, den Fänger zu verärgern und anzustacheln.

Eigenbrötler

Unter einem «Eigenbrötler» versteht man einen Menschen, der zurückgezogen lebt, nicht viel mit anderen zu tun haben will und sein Leben mehr oder weniger als Einzelgänger fristet. Im heutigen Business-Deutsch würde man sagen, es handelt sich um jemanden, dem soziale Kompetenz und Teamfähigkeit fehlen. Prominentes Beispiel ist der ehemalige Fußballtrainer von Bayern München, Louis van Gaal, der in der Presse immer wieder als «Eigenbrötler» charakterisiert wird.

Bevor der Berufsstand des Bäckers etabliert war, ist es üblich gewesen, dass die Bewohner eines Dorfes ihr Brot gemeinsam gebacken haben. Es gab aber auch Menschen, die daran nicht teilnahmen, sondern im eigenen Ofen ihr eigenes Brot selbst herstellten. Sie waren im Wortsinn «Eigenbrötler».

Im 16. und 17. Jahrhundert hat man auch die bessergestellten Bewohner eines Hospitals (damals im Sinne von Pflege- oder Altenheim) Eigenbrötler genannt. Sie waren als Selbstzahler in diese Einrichtung untergebracht und aßen also sinngemäß ihr eigenes Brot. Sie waren nicht auf Almosen angewiesen und genossen diverse Privilegien. Ihr Verhältnis zu den anderen Bewohnern war oft sehr distanziert und wenig kommunikativ, insofern waren auch sie typische Eigenbrötler.

Jemandem etwas einbrocken

Wenn man sich oder anderen etwas «einbrockt», dann bringt man jemanden in Schwierigkeiten, man begeht einen Fehler und verursacht dadurch eine unangenehme Situation.

Die Redewendung hat ihren Ursprung in den früheren Essgewohnheiten der einfachen Leute. Suppe mit Brot war in diesen Kreisen eine weitverbreitete Mahlzeit, wobei die Suppe oft von allen aus einer gemeinsamen Schüssel gelöffelt wurde. Das Brot allerdings hat jeder selbst in die Suppe gegeben, und zwar in Form kleiner Brocken – er hat es sich also selbst eingebrockt.

Danach hat jeder sein Brot dann auch wieder aus der Schüssel herausgeholt und gegessen – jeder musste also das, was er sich eingebrockt hatte, auch wieder auslöffeln.

Jemanden einbuchten

Wortwörtlich «buchtet» man etwas ein, wenn man eine Delle hineinmacht oder es verbeult. Weit häufiger wird das Verb «einbuchten» aber in einer anderen Bedeutung verwendet. Dann bedeutet es, dass jemand interniert oder ins Gefängnis gebracht wird.

Das Wort «Bucht» hat seinen Ursprung im Niederdeutschen, also im Plattdeutschen. Es bezeichnet eine Biegung, eine Krümmung oder eine Abzweigung. So erklärt sich zum Beispiel die Bezeichnung «Bucht» für bogenartig in das Inland hineinragende Meeresteile wie die Deutsche Bucht an der Nordseeküste oder die Lübecker Bucht an der Ostsee.

Aber es gibt im Niederdeutschen noch eine weitere Bedeutung des Wortes «Bucht», nach der man einen Verschlag, einen kleinen Stall oder einen abgeteilten kleineren Raum so bezeichnet. In alten Bauernhäusern gingen von der Diele seitlich kleine Viehställe – eben besagte Buchten – ab, und noch heute sind in der Landwirtschaft Bezeichnungen wie «Schweinebucht» oder «Einzelbucht», etwa für Schafe oder Kälber, durchaus üblich. Das wiederum erklärt die Redewendung: Wenn man jemanden einbuchtet, dann bringt man ihn in einen kleinen, abgeschlossenen Raum – wobei es sich heute zum Glück um eine gepflegte Gefängniszelle handelt und nicht um einen muffigen kleinen Stall …

Eingefleischt sein

Ein Mensch, der in irgendeiner Form «eingefleischt» ist, glaubt an seine Überzeugung und lässt sich nicht davon abbringen. Egal, ob es eine politische Überzeugung ist, eine Weltanschauung oder die Frage, ob die Beatles oder die Rolling Stones besser waren: Wer eingefleischt ist, hat seine feste Meinung und wird ihr voraussichtlich immer treu bleiben.

Eingefleischt ist die Übersetzung des lateinischen Wortes «incarnatus», das wörtlich «fleischgeworden» heißt und als Beschreibung der Eigenschaft von Jesus Christus verwendet wird, denn er gilt ja als der mensch-, also fleischgewordene Sohn Gottes. In diesem Sinne ist die Formulierung «eingefleischt» dann ins Deutsche übernommen worden.

Ein Plan, eine Begeisterung, eine Überzeugung existiert zunächst einmal nur in der Welt der Ideen und des Geistes – aber wenn ein Mensch sie ganz und gar für sich übernimmt, dann geht sie quasi in ihn über und wird real, sie wird zu Fleisch. So wird man etwa zum eingefleischten Bayern-München-Fan oder vielleicht sogar zum eingefleischten Vegetarier, falls so etwas überhaupt möglich ist.

Eine eng verwandte Redewendung wird dann gebraucht, wenn einem Menschen eine Gewohnheit oder auch eine bestimmte Fähigkeit (oftmals durch häufige Wiederholung) zur blinden Routine geworden ist. Dann sagt man: Es ist ihm in Fleisch und Blut übergegangen.

Es geht ans Eingemachte

Wenn es «ans Eingemachte geht», dann werden die letzten Reserven angegriffen, es geht an die Substanz. Manchmal drückt man damit aber auch aus, dass es im übertragenen Sinne um das Wesentliche einer Sache geht.

Einkochen oder auch Einwecken sind Methoden, mit denen man früher in den Haushalten Fleisch, Gemüse und vor allem Obst und Marmelade haltbar gemacht hat. Die Lebensmittel wurden erhitzt und dann in sogenannten Einmach- beziehungsweise Weckgläsern (benannt nach einem der Hersteller) luftdicht verschlossen und konserviert. Mitte des letzten Jahrhunderts ist diese Methode dann fast ausgestorben. Doch sie erlebt zurzeit ein Comeback: Anfang des 21. Jahrhunderts wurde rund die Hälfte der in Deutschland verzehrten Marmelade wieder selbst hergestellt und eingemacht.

In Zeiten, als es noch keine Obst- und Gemüseimporte aus dem Ausland und keine Tiefkühltechnik in den Haushalten gab, war das eigenständige Konservieren von Lebensmitteln eine echte Lebensnotwendigkeit, vor allem um über den Winter zu kommen. Diese Konserven waren eine eiserne Reserve, und wenn man die angreifen musste, dann war Not am Mann, dann ging's wirklich ans Eingemachte.

Etwas ergattern

Wer etwas «ergattert», besorgt sich eine Sache auf schlaue, pfiffige und manchmal auch auf etwas unkorrekte Weise.

Früher durfte das sogenannte fahrende Volk einen Bauernhof nicht betreten. Bettler, Landstreicher und reisende Händler mussten draußen bleiben, man hat ihnen mit einer Absperrung, einem Zaun, also einem Gatter, den Zutritt verwehrt. Ein Austausch mit der sesshaften Landbevölkerung fand nur statt, wenn zum Beispiel Bettler ihre Almosen durch diese Absperrung gereicht bekamen. Auch andere Geschäfte konnten Menschen, die zu diesen Randgruppen der Gesellschaft gehörten, nur durch dieses Gatter abwickeln. Und deswegen spricht man auch heute noch davon, dass man sich irgendetwas «ergattert» hat.

Erlkönig

«Erlkönig» nennt man Automodelle, die noch vor der Markteinführung stehen und zu Testzwecken auf den Straßen unterwegs sind.

Alle Autohersteller versuchen, das genaue Aussehen neuer Modelle vor deren offizieller Präsentation geheim zu halten. Auf der anderen Seite sind Fotojournalisten ständig auf der Jagd nach solchen Vorserienmodellen und versuchen sie zu enttarnen.

Im Juli 1952 wurden dem Magazin *auto motor und sport* Fotos zugespielt, die den damals neuen Mercedes 180 zeigten, und die Redaktion plante in der Tat, diese Bilder auch zu veröffentlichen. Das hatte es vorher noch nie gegeben, und es stellte eine unerhörte Frechheit gegenüber der Autoindustrie dar – daher wollte man sie durch eine freundlich-nette Bildunterschrift entschärfen. So wurden die ersten Zeilen der berühmten Ballade vom Erlkönig von Goethe passend auf Autos umgeschrieben: «Wer fährt so spät durch Regen und Wind, ist es Daimlers jüngstes Kind?» Seither bezeichnet man getarnte, neue Automodelle als Erlkönige.

F

Jemanden feuern

Floskel

Auf großem Fuß leben

Roter Faden

Kalte Füße bekommen

Sein Fett wegbekommen oder -kriegen

Nicht lange fackeln

Flöten gehen

Stehenden Fußes

Nicht lange fackeln

Wer «nicht lange fackelt», der zögert nicht und wartet nicht ab, sondern beginnt sofort damit, ein Vorhaben umzusetzen.

Schon im 14. Jahrhundert beschrieb man mit dem Wort «vackelen», dass etwas lichterloh brannte wie eine Fackel. Weil eine Fackel aber auch ein unruhiges und flackerndes Licht gibt, hieß «vackelen» auch, dass etwas unstet hin und her schwankt. Schließlich kam, kaum zu glauben, aber wahr, noch eine dritte Bedeutung hinzu, im Sinne von Späße machen oder Unsinn treiben.

Wenn wir heute nicht lange fackeln, dann bedeutet das demzufolge: Wir haben weder Zeit für ein langes Hin und Her, noch steht uns der Sinn nach Späßen, jetzt ist Schluss mit lustig, jetzt wird Ernst gemacht.

Roter Faden

Der «rote Faden» in einer Geschichte, in einem Film, in einer Rede oder auch in einem Geschehen ist ein thematischer Grundgedanke, der immer wieder zum Vorschein kommt und das Ganze wie ein Leitmotiv durchzieht.

Dass diese Formulierung populär geworden ist, geht zurück auf einen einzelnen Mann, und zwar nicht auf irgendeinen, sondern auf den Dichterfürsten Goethe persönlich. Er hat sie in seinem Roman *Die Wahlverwandtschaften* von 1809 gebraucht und auch selbst erklärt, wie er darauf gekommen ist: Alle Taue und Seile bei der britischen Marine enthielten einen innen eingesponnenen roten Faden, der das gesamte Material durchzog. So waren die Taue immer als Eigentum der königlichen Flotte zu erkennen.

Dieser rote Faden aus der Schifffahrt ist also nicht zu verwechseln, mit dem Faden, den man verlieren kann, etwa bei einer Rede. Diese Redewendung bezieht sich auf die griechische Mythologie: Hier übergab Ariadne ihrem Geliebten Theseus einen Faden, mit dessen Hilfe er den Weg aus einem finsteren und gefährlichen Labyrinth finden konnte. (Vgl. Dr. Wort, *Klappe zu, Affe tot*, S. 61)

Sein Fett wegbekommen oder -kriegen

Wenn jemand sein «Fett wegbekommt» oder «wegkriegt», dann ist damit keine erfolgversprechende Diät gemeint, stattdessen wird jemand ausgeschimpft oder erhält eine empfindliche, aber auch gerechtfertigte Strafe.

Früher ist es üblich gewesen, dass das Familienoberhaupt nach Hausschlachtungen Fett und Fleisch verteilt hat, und zwar an alle Familienmitglieder. Jedem stand dabei eine recht genau bemessene Menge zu, sodass die Formulierung entstand «jemand kriegt *sein* Fett weg», also das, was ihm zusteht. Später hat man diese Redeweise dann ironisch verdreht und den Sinn verändert. Jetzt galt: Wenn jemand Mist gebaut hatte, dann stand ihm eine Strafe zu, und so kriegte auch er «sein Fett weg».

Wenn jemand bei der Fettverteilung seinen Anteil an Fett bekommen hatte, sprach man früher auch davon, dass derjenige «geschmiert wurde». Und auch in diesem Fall fand später diese ironische Verdrehung im Sinne einer Bestrafung statt. Wenn man jemandem eine Backpfeife gegeben hatte, sagte man: «Dem habe ich eine geschmiert.»

Jemanden feuern

Jemand wird von seiner Arbeitsstelle «gefeuert», wenn er sehr kurzfristig oder sogar fristlos und oft ohne Angabe von Gründen entlassen wird.

Das Verb «feuern» macht auf anschauliche Weise klar, wie dramatisch und schnell eine solche Kündigung vor sich geht.

Die Formulierung ist eine direkte Übernahme aus dem Englischen, wo das Prinzip des *«hire and fire»* («anheuern und feuern») in der Arbeitswelt häufiger angewendet wird. Vor allem in Nordamerika wird kurzfristig eingestellt und genauso unvermittelt wieder entlassen. Mit dem deutschen Arbeitsrecht ist das Hire-and-fire-Prinzip nicht so leicht vereinbar, deswegen muss hierzulande ein arbeitsrechtlicher Konflikt schon länger brennen oder zumindest glimmen, bevor jemand wirklich gefeuert wird.

Floskel

«Floskeln» sind nichtssagende Aussagen ohne echten Inhalt. Aber auch eigentlich zutreffende Bemerkungen oder Zitate können durch ständige Wiederholung zur Floskel werden, etwa im Fußball: «Der Ball ist rund, und ein Spiel dauert 90 Minuten.»

Im antiken Rom war es undenkbar, eine öffentliche Rede zu halten, ohne sie mit originellen Wortspielen, witzigen Elementen oder kunstvollen Formulierungen anzureichern. Eine solche sprachliche Verzierung wurde *«flosculus»* genannt, auf Deutsch «Blümchen».

Diese Sprachblumen waren zwar unterhaltsam, allerdings nicht immer eindeutig zu verstehen und wenig konkret. Im schlimmsten Fall waren sie absolut sinnfrei. Hier liegt der Ursprung für unser Wort «Floskel».

Auch in einer anderen Redensart haben die sprachlichen Blumen überlebt: Wenn wir jemandem etwas nicht direkt und konkret sagen wollen, dann sagen wir es ihm durch die Blume – wenn wir es aber knallhart und geradeheraus tun, dann sagen wir es ihm ganz unverblümt.

Flöten gehen

Wenn etwas «flöten geht», dann verschwindet es oder geht verloren.

Zur Herkunft dieser Formulierung existieren unzählige Theorien. So wird zum Beispiel der Rattenfänger von Hameln als Ursprung genannt, der zuerst die Ratten und später die Kinder mit seinen Flötentönen aus der Stadt verschwinden ließ. Andere leiten die Redewendung aus dem Jiddischen oder Rotwelschen ab. Und neben diesen beiden sind noch viele weitere Vermutungen in Umlauf.

Eine dieser Herleitungen ist etwas schräg und auch leicht ordinär, aber sehr plausibel: In den 1920er Jahren hieß «flöten gehen» auch, dass ein Mann zum Wasserlassen ging, was wiederum darauf zurückgeht, dass der männliche Penis schon seit Jahrhunderten unter anderem als Flöte bezeichnet wird. Kein Wunder, dass es schon im 17. Jahrhundert in Holland die Redewendung *«weggaan om te fluiten»* gab, was so viel heißt wie «zum Pinkeln weggehen». Anders gesagt: Wenn ein Mann das Bedürfnis verspürte, sich in diesem Sinne zu erleichtern, verschwand er zunächst einmal aus der Gemeinschaft: Er war flöten gegangen.

Auch in der heutigen Jugendsprache sind diese Zusammenhänge noch präsent: Wenn hier jemand aufgefordert wird zu verschwinden, also flöten zu gehen, dann heißt es schlicht und ergreifend: «Ey Alter, verpiss dich!»

Auf großem Fuß leben

Wer «auf großem Fuß lebt», der lebt im Überfluss und verfügt über viel Geld, das er verprassen kann. Häufig wird die Redewendung auch auf Leute angewendet, die zwar einen aufwendigen Lebensstil pflegen, ihn sich aber eigentlich gar nicht leisten können.

Manchmal gibt es Redewendungen, die nachweislich auf eine einzige Person zurückgehen, und so ist es auch bei dieser Formulierung. Im 12. Jahrhundert lebte in Frankreich der Graf von Anjou, und der hatte erhebliche Probleme mit missgestalteten und schmerzenden Füßen. Deswegen ließ er sich große schnabelförmige Spezialschuhe anfertigen, um den Makel zu verbergen. Von diesen Riesentretern abgesehen, soll er aber ein Vorbild an Eleganz gewesen sein, sodass diese Schnabelschuhe dann irgendwann zum Modetrend für die gesamte europäische Bevölkerung geworden sind.

Ihren Höhepunkt hat diese Entwicklung im 14. Jahrhundert erreicht, als die Größe der Schuhe zum Maßstab für den gesellschaftlichen Rang einer Person wurde. Und das wurde sogar durch penible Vorschriften geregelt. Die Schuhe von Fürsten durften zum Beispiel zweieinhalb Fuß lang sein, die eines Ritters anderthalb und die eines Normalbürgers nur einen Fuß. Nur die Oberschicht durfte also wirklich auf großem Fuß leben.

Nach einer anderen Theorie ist der Fuß hier allerdings eher als Sinnbild für die Gesamtperson zu sehen, die großen Aufwand in der Lebensführung betreibt.

Stehenden Fußes

Wenn etwas «stehenden Fußes» geschieht, dann geschieht es sehr schnell und unmittelbar als Reaktion auf einen bestimmten Vorgang, häufig handelt es sich um eine Verurteilung.

Wenn man im Mittelalter vor Gericht stand und mit einem Urteil nicht einverstanden war, musste man dieses Urteil sofort anfechten. Man konnte also nicht erst nach Hause gehen und sich die Sache in Ruhe überlegen. Nein, der Widerspruch musste direkt eingelegt werden, an der Stelle, wo man stand, also «stehenden Fußes».

Noch eine andere Redewendung hat dieselbe Bedeutung und denselben Hintergrund. Auf der Straße oder im Park kann man häufig den Befehl hören: «Auf der Stelle kommst du her!» Meistens von Hundehaltern, die versuchen, ihre vierbeinigen Freunde zurückzubeordern. Eigentlich ein Ding der Unmöglichkeit: Wer stehenden Fußes auf der Stelle bleibt, kann unmöglich herkommen. Trotzdem meint man das Gegenteil: Hierher, und zwar sofort, jetzt, schnell, zack, zack!

Kalte Füße bekommen

«Kalte Füße» hat jemand bekommen, der sich etwas vorgenommen hat, es dann aber nicht ausführt und aus dem Vorhaben aussteigt, weil er sich unwohl dabei fühlt oder Angst bekommen hat.

Diese Redewendung stammt aus der Welt der Zocker und Kartenspieler. Illegale Pokerrunden und andere Glücksspiele fanden früher häufig in dunklen und kalten Kellerräumen statt. Diese Kälte wurde dann oft als Vorwand benutzt, wenn jemand aus dem laufenden Spiel aussteigen wollte. «Ich habe kalte Füße bekommen und muss mich mal kurz aufwärmen», hieß es dann. Das klang plausibel und einleuchtend, auch wenn der betreffende Spieler womöglich gar nicht vorhatte, an den Spieltisch zurückzukehren, sondern mit seinem bisherigen Gewinn heimlich verschwinden wollte.

G

Der Gelackmeierte sein

Geil

(Gut) gewappnet sein

Ach du liebe Güte

Gang und gäbe

Jemandem den Garaus machen

Dran glauben müssen

Gang und gäbe

«Gang und gäbe» ist etwas, was allgemein üblich ist, als normal gilt und ohne Bedenken gemacht werden kann.

Die Formulierung «gang und gäbe» hat durch die unseligen Rechtschreibreformen der letzten Jahre zu totaler Konfusion geführt: Wie schreibt man denn nun dieses «gäbe»? Sowohl der Duden als auch andere Fachpublikationen sagen eindeutig: Mit «a-Umlaut», also mit «ä».

Mit dem ersten Teil dieser Redewendung – «gang» – wurde früher eine Währung bezeichnet, die gültig war, sie war im «Umgang», sie war «gängig».

Der zweite Teil des Stabreims ist das besagte mittelhochdeutsche Wort «gäbe». Es bedeutete so viel wie angenehm, anerkannt, in Ordnung, gebräuchlich. Beide Wörter spielen heute keine Rolle mehr in der deutschen Sprache, nur in dieser Redewendung haben sie überlebt.

Jemandem den Garaus machen

«Jemandem den Garaus machen» ist eine Umschreibung dafür, jemanden zu ermorden, zu töten, umzubringen.

Im 15. Jahrhundert wurde in den Gaststätten in Süddeutschland die Polizeistunde mit dem Ruf «Gar aus!» angekündigt. Das hieß nichts anderes als: «Jetzt gibt's nichts mehr, mit der Trinkerei ist es jetzt völlig aus, es ist gar aus!» Der Garaus war also zunächst einmal eine alltägliche und recht harmlose Sache. Seine heutige mörderische Bedeutung hat er erst später bekommen, im Sinne von: Es ist gar aus, es ist zu Ende für jemanden.

Laut Duden existiert das merkwürdige Wort «Garaus» außerhalb der Redewendung nur noch ein einziges Mal in der deutschen Sprache, und zwar als Bezeichnung für eine krautartige Pflanze, die sich moralisch auch nicht gerade einwandfrei verhält: Das Kraut Garaus lebt als Halbschmarotzer, entzieht anderen Pflanzen die Nährstoffe und macht ihnen auf diese Weise den Garaus.

Geil

Das Wort hat heute die Bedeutung von «sexuell erregt». Es wird aber auch ganz allgemein im Sinne von «klasse», «toll», «super», «hervorragend» benutzt.

Dieses Wort hat eine lange und abwechslungsreiche Geschichte hinter sich. Im 12. Jahrhundert war etwas «geil», wenn es kräftig und üppig, aber auch fröhlich und lustig war. Im 15. Jahrhundert bekam das Wort dann langsam seine sexuelle Bedeutung. Nun bezeichnete man schnell hochschießende Triebe von Pflanzen als geil. Und noch vor 50 Jahren konnte es vorkommen, dass Mutti nach einem Blick auf die Fensterbank in aller Unschuld gesagt hat: «Oh, diese Pflanze ist ja wirklich geil», worauf der jugendliche Nachwuchs leicht irritiert reagierte.

In den 1970er Jahren hat sich das Wort schließlich in der Jugendsprache durchgesetzt und noch einmal eine Bedeutungsveränderung erfahren. Jetzt war nicht mehr nur der Zustand sexueller Erregung «geil», sondern attraktive Mädchen oder Jungs wurden «geile Typen» beziehungsweise «geile Alte» genannt. Im weiteren Verlauf stand «geil» dann nicht nur für (sexuelle) Attraktivität, sondern auch für «super», «sehr gut» oder «hervorragend» im Allgemeinen. «Geil» war sozusagen alles, was lobenswert war. Und das ist bis heute so geblieben. 2004 besang die Popgruppe Juli eine *Geile Zeit*, und es werden immer wieder neue Kombinationen erfunden. Seit einigen Jahren ist zum Beispiel ein neuer Ausdruck von Bewunderung beliebt, der als rhetorische Frage formuliert wird: «Wie geil ist das denn?»

Der Gelackmeierte sein

Der «Gelackmeierte» ist jemand, der übertölpelt, übervorteilt oder getäuscht worden ist.

Der Lack oder die Lackierung spielt in deutschen Redewendungen sowohl eine positive als auch eine negative Rolle. Einerseits kann man Dinge und Menschen mit Lack verschönern. Verlieren sie ihr gutes Aussehen, dann sagen wir: «Der Lack ist ab.»

Häufig wird der Lack aber auch mit einem negativen Unterton verwendet: Dann wird eine minderwertige Sache oberflächlich beschönigt und übertüncht, wie etwa im Fall des Lackaffen, der ein ziemlich dummer Mensch ist, sich aber elegant kleidet.

Der Nachname «Meier» steht bei dieser Redewendung für den häufigsten aller deutschen Nachnamen. Er symbolisiert den Durchschnittsmenschen, und wenn so jemand auf einen oberflächlich lackierten Mist hereingefallen ist, dann ist er der Angeschmierte, der Trottel, der Gelackmeierte.

(Gut) gewappnet sein

Wer gut «gewappnet» ist, der ist ausreichend geschützt und auf eine mögliche Gefahr bestens vorbereitet.

Im Mittelalter hieß die Waffe eines Menschen «Wappen». Später hat sich dieses Wort dann quasi aufgeteilt, es gab «Wafen» und «Wappen». Als «Wappen» hat man dann Symbole oder farbige Darstellungen bezeichnet, die bei Turnieren auf Schilden oder Fahnen gezeigt wurden. Und «Wafen» waren die tatsächlichen Waffen, mit denen man gekämpft hat. Allerdings hat die alte Bedeutung von Wappen in der heute noch üblichen Redewendung überlebt: Gut gewappnete Menschen sind auch heute noch schlicht gut bewaffnet.

Dran glauben müssen

Wenn früher jemand «dran glauben musste», dann ist er gestorben. Heute kann die Redensart auch bedeuten, dass jemand Pech gehabt hat, zum Beispiel für eine unangenehme Aufgabe ausgewählt wurde.

In früheren Jahrhunderten war man fest davon überzeugt, dass auch überzeugten Atheisten am Ende ihres Lebens keine andere Wahl bleibt, als an die Existenz Gottes zu glauben. Denn selbst wer sein Leben lang bestritten hat, dass es Gott gibt, muss ja spätestens dann, wenn er ihm beim Jüngsten Gericht persönlich gegenübersteht, anerkennen, dass es ihn eben doch gibt. Er «muß dran glauben», ob er nun will oder nicht. Eigentlich bedeutet die Redewendung also: «An Gott glauben müssen.»

Ach du liebe Güte

Man gebraucht diese Redewendung, wenn man sehr überrascht, erschrocken oder verwundert ist.

Diese Formulierung ist sehr alt und wurde schon im 16. Jahrhundert gebraucht. Hervorgegangen ist sie aus der Anrufung Gottes, wenn man erschrocken oder ängstlich war, nach dem Motto «oh Gott» oder «mein lieber Gott». Aber das Wort «Gott» war für gläubige Christen tabu und durfte in diesem Zusammenhang nicht ausgesprochen werden. So wurde es ersetzt durch einen sogenannten verhüllenden Euphemismus: Aus «mein Gott» wurde «meine Güte».

Auch der Himmel wurde als Ersatz für das Wort «Gott» eingesetzt (siehe auch «jemanden anhimmeln», S. 15), weswegen wir heute die freie Auswahl haben, wenn wir erschrecken. Wir können sagen: «Ach du lieber Gott», «Ach du liebe Güte» oder «Ach du lieber Himmel».

H

Hedwig

Alter Hase

Wissen, wo der Hase im Pfeffer liegt

Wissen, wie der Hase läuft

Vom Hundertsten ins Tausendste kommen

Im siebten Himmel sein

Hosenstall

Hasenbrot

Holland in Not

Keinen Hehl aus etwas machen

Hundemüde sein

Dicker Hund

Jacke wie Hose

Hopfen und Malz sind verloren

„Hamburger Sie", „Münchener du" und „Berliner wir"

Jemanden sticht der Hafer

«Hamburger Sie», «Münchener du» und «Berliner wir»

Ob man sich lieber «duzt» oder beim distanzierteren «Sie» bleibt, ist in vielen Fällen eine Frage des persönlichen Geschmacks oder Stils. Aber es gibt auch regionale Vorlieben in Deutschland und interessante Sonderformen bei der Anrede.

Es gibt zum Beispiel das sogenannte «Hamburger Sie». Das ist eine hanseatisch noble Form der Anrede, die besonders in der Hamburger Oberschicht und bei Politikern wie dem Exbundeskanzler Helmut Schmidt beliebt ist. Man nennt jemanden zwar beim Vornamen, siezt ihn aber ansonsten: «Michael, ich möchte Ihnen herzlich zum Geburtstag gratulieren.»

Das Gegenstück dazu ist das «Münchener du». Hier sagt man gern, etwa im Büro: «Herr Mayer, kannst du bitte mal das Fenster zumachen?»

Noch flapsiger ist das «Berliner du». Hier lässt man die Anrede Herr oder Frau einfach weg und sagt nur: «Mayer, machste mal det Fenster zu?» Und in der U-Bahn zum Beispiel kann man manchmal eine ganz besondere Form der Ansprache hören, wenn der Kontrolleur zum Fahrgast sagt: «Na, ham wa denn den jültigen Fahrausweis dabei?» Diese Form der Anrede nennt man – logisch – das «Berliner wir».

Fast ausgestorben ist heute die extremste Form der Berliner Anrede: das sogenannte «Erzen». Es war früher üblich in Gesprächen mit rangniederen Personen und klingt heute wie ein Relikt aus dem Preußentum des 18. Jahrhunderts: «Na, hat er denn die Fahrkarte dabei?»

Jemanden sticht der Hafer

Wen «der Hafer sticht», der verhält sich frech, dreist oder übermütig.

Die Redewendung vom «stechenden Hafer» taucht schon im 17. Jahrhundert in schriftlicher Form auf, und zwar unter anderem in dem berühmten 1669 erschienenen Roman *Der abenteuerliche Simplicissimus Teutsch* von Hans Jakob Christoffel von Grimmelshausen.

Hafer gilt als hervorragendes Kraftfutter für Pferde. Er ist gut verdaulich, gibt den Tieren schnell Energie und macht sie leistungsbereit – aber da liegt auch schon der Haken bei der Sache: Wenn man zu viel Hafer füttert, also zu viel Energie zuführt, kann es dazu kommen, dass die Pferde sehr unruhig werden, schwer zu handhaben und völlig überdreht sind. Fachleute raten deshalb dazu, die Haferrationen immer genau mit dem Energieverbrauch des Tieres abzustimmen, also einem kaum geforderten Freizeitpferd entsprechend weniger Hafer zu geben als einem Hochleistungsvollblut.

Alter Hase

Wenn jemand ein «alter Hase» ist, dann ist er sehr erfahren und kennt sich gut aus. Es ist aber weniger die allgemeine Lebenserfahrung gemeint, als das Know-how im Beruf oder auf einem bestimmten Sachgebiet.

Kein Mensch würde auf die Idee kommen, jemanden einen alten Adler, alten Elefanten oder alten Eisbären zu nennen.

Diese Tiere kennen keine Fressfeinde, und das Altwerden gehört zu ihrem natürlichen Lebenszyklus. Anders sieht die Sache bei Hasen aus: Sie sind ihr Leben lang gefährdet durch Füchse, Marder, Katzen, Hunde und jede Menge Raubvögel.

Besonders von den Jungen überleben nur wenige das erste Jahr, weswegen Hasen sich auch entsprechend rasant mit drei bis vier Würfen im Jahr vermehren. Dass ein freilebender Hase sein mögliches Höchstalter von rund zwölf Jahren wirklich erlebt, ist extrem unwahrscheinlich. Ein wirklich alter Hase ist deswegen etwas Besonderes, er kennt mit Sicherheit alle Tricks zum Überleben, er muss sich in seinem bisherigen Leben ziemlich clever angestellt haben, und ihm kann niemand mehr etwas vormachen.

Wissen, wo der Hase im Pfeffer liegt

Wer weiß, wo «der Hase im Pfeffer liegt», der weiß genau, wie etwas zu machen ist, worin der Kern eines Problems besteht, wo die wahre Ursache für etwas liegt.

Schon im 13. Jahrhundert taucht der im Pfeffer liegende Hase auf, und die Formulierung scheint zunächst darauf hingewiesen zu haben, dass Hasen Tiere sind, die sich nahezu perfekt zu tarnen und verstecken wissen. Wer also wusste, wo der Hase lag, der hatte den Durchblick und hatte ein Problem durchschaut.

Es gab aber auch eine zweite Bedeutung, und die bezog sich nicht auf einen pfiffigen Hasen, sondern auf einen toten, der in einer gepfefferten Sauce serviert wurde, damals ein beliebtes Mittagsmenü. In dieser Version bezog die Redewendung sich auf jemanden, der zum Opfer geworden war, definitiv nicht mehr zu retten, wie der Hase auf dem Küchentisch.

In den nächsten Jahrhunderten haben sich diese beiden eigentlich völlig verschiedenen Bedeutungen miteinander vermischt, und heute ist der Hase im Pfeffer nur noch ein Symbol für den Kern einer Sache oder eines Problems.

Wissen, wie der Hase läuft

Wer weiß, «wie der Hase läuft», kennt sich mit einer Sache sehr gut aus, lässt sich nicht austricksen und weiß wirklich genau Bescheid.

Hasen sind perfekt angepasste Fluchttiere, die für ihren Einfallsreichtum bekannt sind. Wenn sie einen Verfolger abschütteln wollen, kommt ein ganzes Arsenal überraschender Tricks und Finten zum Einsatz. Dazu gehören unter anderem plötzliche Richtungsänderungen, also das berühmte Hakenschlagen. Insgesamt kann man ihren Laufstil auf der Flucht als äußerst verwirrend und unkonventionell bezeichnen. Wenn nun ein Jäger wirklich weiß, wie der Hase läuft, dann ist er ein echter Fachmann und lässt sich auf seinem Gebiet nichts vormachen.

Hasenbrot

Als «Hasenbrote» werden in vielen Familien Butterbrote bezeichnet, die man unberührt von einem Ausflug, von der Arbeit oder aus der Schule wieder mit nach Hause bringt.

Es gibt hin und wieder die Vermutung, dass diese Bezeichnung darauf zurückgeht, dass man früher alte Butterbrote, die vielleicht schon etwas trocken waren, den Kaninchen und Hasen überlassen hat. Aber es existieren zu viele regional verschiedene Varianten eines anderen ‹Rituals›, das es in deutschen Familien einmal gegeben hat und mit dem sich die Herkunft überzeugender klären lässt.

Wenn Väter von der Arbeit zurückkamen und die Butterbrote wieder mitbrachten, die sie am Morgen eingesteckt hatten, erzählten sie den Kindern die Geschichte von dem Hasen, den sie eingefangen und dem sie die Brote für sie abgenommen hatten. (Je nach Region hat der Hase die Brote für die Kinder sogar freiwillig hergeschenkt.) Viele Kinder mochten diese im Tagesverlauf schön durchgezogenen Butterstullen ganz besonders und haben der Geschichte vom Hasenbrot immer wieder gern gelauscht, während sie die Hasenbrote mümmelten.

Der berühmte Schriftsteller Hoffmann von Fallersleben, immerhin der Verfasser des Textes der deutschen Nationalhymne, hat auch das Hasenbrot unsterblich gemacht, und zwar in einem Kindergedicht, dessen letzte Strophe lautet:

«Das trockne Brot, das schmeckt gar gut,
Denn wie mein Vater sagt,
So hat er's auf dem Felde
Dem Hasen abgejagt.»

Hedwig

Der «Hedwig» (und nicht etwa *die* Hedwig!) ist ein süßes Gebäck aus Weizenmehl, Milch Zucker, Margarine, Hefe, Backmalz, Salz und Rosinen.

Das Wort hat seinen Ursprung höchstwahrscheinlich im Bremer Raum, ist aber heute in weiten Teilen Niedersachsens und ganz Norddeutschlands verbreitet. Ausgangspunkt ist der niederdeutsche Begriff «hede weggen», also «heiße Wecken». Diese Heißwecken sind früher im Norden eine weitverbreitete Fastenspeise gewesen, wobei die warmen Semmeln häufig mit heißer Butter oder Milch übergossen wurden.

Interessanterweise heißen in Norddeutschland aber nur die süßen Brötchen mit Rosinen Hedwig – die ohne Rosinen heißen ganz unromantisch Milchbrötchen.

Keinen Hehl aus etwas machen

Wer «keinen Hehl aus etwas macht», der gibt etwas unumwunden zu und verheimlicht nichts.

Der «Hehl», der in dieser Redensart nicht gemacht wird, geht auf das althochdeutsche Wort «helan» zurück, das so viel bedeutet wie etwas verbergen oder verstecken. Daraus ist unter anderem auch der Hehler hervorgegangen, der Diebesgut versteckt, um dann damit zu handeln. Aber auch Wörter wie «Helm», «Hülle», «Hülse» oder «Halle» haben ihre Wurzeln im Althochdeutschen «helan», denn in all diesen Dingen kann etwas verborgen oder versteckt sein. Wenn aber nun jemand völlig unverhohlen redet und somit «keinen Hehl aus etwas macht», dann ist das Gegenteil der Fall: Er versteckt nichts, sondern ist offen und ehrlich.

Im siebten Himmel sein

Wer sich wie «im siebten Himmel» fühlt, ist wunschlos glücklich. Im Allgemeinen wird die Formulierung heute für den Zustand totaler Verliebtheit verwendet.

Die Vorstellung, dass es einen siebten Himmel gibt, ist uralt. Sie wird schon im Talmud, einem der wichtigsten Werke des Judentums, beschrieben. Von dort hat sie Eingang in den Koran gefunden und sich anschließend weit verbreitet.

Der siebte Himmel ist der oberste, der wichtigste Himmel – er ist der Ort des höchsten Gerichts und der Gerechtigkeit, hier befindet sich der Schatz des Lebens, des Friedens und des Segens. Mit anderen Worten: Da ist ganz schön was los in diesem siebten Himmel, und weil sich im christlichen Glauben auch noch Gott mit seinen Engeln dort oben aufhält, gibt es kein größeres Glück, als in ebenjenem siebten Himmel zu sein.

Hopfen und Malz sind verloren

Wenn «Hopfen und Malz verloren sind», ist eine Sache gründlich schiefgegangen und endgültig gescheitert. Manchmal meint man damit auch einen Menschen, der unverbesserlich ist und nichts dazulernt: «Bei dem sind Hopfen und Malz verloren.»

Wenn es Charts gäbe, in denen die deutschen Redewendungen nach ihrer Beliebtheit aufgelistet wären, dann würden der Hopfen und der Malz, die verloren sind, weit vorn liegen. Diese Popularität erklärt sich daraus, dass das Bierbrauen früher auch in privaten Haushalten in ganz Deutschland verbreitet war und Hopfen und Malz nun mal die beiden wichtigsten Bierbestandteile sind. Lief beim privaten Brauen etwas schief, waren sie einfach futsch. Ein solcher Verlust von Hopfen und Malz war für den Bierbrauer der größte anzunehmende Unfall, quasi der Bier-Gau. Und genau deswegen findet man zum Beispiel auf den Maßkrügen in Bayern oft den frommen Wunsch: «Hopfen und Malz, Gott erhalt's.»

Holland in Not

Die Redewendung bedeutet, dass man in großer Bedrängnis oder Gefahr ist und kaum noch einen Ausweg weiß.

In den Niederlanden ist schon im 16. Jahrhundert eine Redensart aufgetaucht, in der Menschen verspottet werden, die wegen einer winzigen Kleinigkeit ein Riesentheater machen. Man sagte über so jemanden: «Wenn den ein Floh beißt, dann ist ganz Holland in Not.»

Aber Holland war ja tatsächlich immer gefährdet durch Deichbrüche, Überschwemmungen oder feindliche Besatzungen, und so ist aus der ursprünglich spöttischen Formulierung eine Redensart geworden, die wirklich eine Notsituation beschreibt.

Eng verwandt mit «Holland in Not» ist die Redewendung «Jetzt ist Polen offen». Sie stammt aus dem 18. Jahrhundert, als das geschwächte Polen nicht mehr imstande war, seine Grenzen gegen Angreifer zu sichern. Polen war tatsächlich wortwörtlich offen.

Und noch eine dritte eng verwandte Redensart wird bei uns häufig verwendet: «Noch ist Polen nicht verloren.» Wo sie herkommt, ist schnell zu klären: Mit diesem Satz beginnt die polnische Nationalhymne.

Hosenstall

Der «Hosenstall» ist die umgangssprachliche Bezeichnung für den Hosenschlitz, meistens bei Männern, der mit Knöpfen oder einem Reißverschluss geschlossen wird. Heute tragen auch Frauen Hosen, natürlich mit «Stall», auch wenn er bei ihnen keine andere Funktion hat, als das Anziehen der Hose zu ermöglichen.

Es gibt nur wenige stimmige Erklärungen für den «Hosenstall» oder auch kurz «Stall», wie er oft genannt wird. Mit einiger Wahrscheinlichkeit geht diese Bezeichnung aber auf die Sprache der Viehzüchter im 19. Jahrhundert zurück. Ein Bulle war für sie nicht nur ein anderes Wort für den Stier, sondern darüber hinaus auch speziell für den Penis dieses Tiers. Auf den Menschen übertragen, haben Männer also, bildhaft gesprochen, auch einen Bullen in der Hose. Und damit so ein relativ wildes, ungestümes und gefährliches Tier kein Unheil anrichten kann, muss es in einem soliden, sorgfältig verschlossenen Hosenstall untergebracht werden.

Hundemüde sein

«Hundemüde» fühlt man sich, wenn man extrem müde ist und dringend Schlaf braucht.

Hunde spielen in unseren Redewendungen und Sprichwörtern eine große Rolle, weil sie die ältesten Haustiere der Menschen sind und in engem Kontakt mit ihnen leben. Manchmal sind sie ein Symbol für Treue und Wachsamkeit, noch öfter tauchen sie aber im negativen Sinne auf, wie zum Beispiel bei «blöder Hund», «falscher Hund» oder «innerer Schweinehund». Und in manchen Redewendungen bedeutet das Wort «Hund» nichts weiter als «sehr», ohne inhaltlich noch etwas mit dem Haustier zu tun zu haben. Es handelt sich um eine sogenannte verstärkende Vorsilbe, die auch bei einigen anderen Haustieren in dieser Funktion angewendet wird: Es ist schweinekalt, heute herrscht eine Bullenhitze (siehe S. 36, wo solche verstärkenden Wortteile, die sogenannten Augmentativbildungen, erklärt werden), und so weiter.

Ein echter Fiesling ist sehr gemein, also hundsgemein, wer sich sehr schlecht fühlt, fühlt sich hundeelend, und wer sehr müde ist, der ist eben hundemüde.

Dicker Hund

Ein «dicker Hund» ist etwas, was sensationell ist, skandalös, unglaublich und unerhört.

Diese Redewendung ist eine von denjenigen, die auf längst vergangene Zeiten verweist und auf Zustände, die es in dieser Form nicht mehr gibt. Im Mittelalter konnten Hunde von dem vergleichsweise luxuriösen Leben ihrer heutigen Nachfahren nur träumen, oft lagen sie als Wachhunde angekettet draußen und führten ein Hundeleben im wahrsten Sinne des Wortes. Hochwertiges Hundefutter gab es noch nicht, von Hundepasteten und köstlichen Minifilets ganz zu schweigen. Von daher war es den Hunden früherer Jahrhunderte fast unmöglich, wirklich Fett anzusetzen. Ein dicker Hund war also wirklich eine Seltenheit und wurde deshalb zur Bezeichnung für eine Überraschung. Und das gilt bis heute – obwohl es inzwischen reichlich dicke Hunde gibt.

Vom Hundertsten ins Tausendste kommen

Wenn jemand vom «Hundertsten ins Tausendste» kommt, dann schweift er beim Reden vom Thema ab, verliert sich in Details, springt von einem Thema zum nächsten, sodass seine Aussagen insgesamt unzusammenhängend und wenig sinnvoll sind.

Wenn wir heutzutage etwas ausrechnen, dann tun wir das nach Adam Riese, eigentlich Adam Ries, der im 16. Jahrhundert das Rechnen revolutioniert und die heutige Zählweise eingeführt hat. Oder wir greifen einfach zum Smartphone und überlassen die lästige Arbeit der digitalen Technik.

Früher war das Ganze jedoch eine knifflige Angelegenheit: Im Mittelalter wurde in Deutschland noch mit römischen Zahlen gerechnet, also unter anderem mit dem «V» für die 5 und dem «X» für die 10. Einfache Rechenaufgaben haben mit diesen Symbolen ganz gut geklappt. Wenn es aber komplizierter wurde, musste ein Hilfssystem das Rechnen unterstützen. Das bestand, neben den sogenannten Rechenpfennigen, im Wesentlichen aus durch Linien abgegrenzten Bereichen auf einem Rechenbrett oder einem Rechentuch.

Eine Linie galt dabei für den Bereich der Zahlen bis fünf, weitere Linien markierten die Zehner, die Hunderter und die Tausender. Wenn also zum Beispiel sieben Rechenpfennige im Hunderterbereich lagen, war damit die Zahl 700 gemeint. Verrutschten sie aber durch eine Schusseligkeit in den Tausenderbereich, war die Rechnung falsch, zu nichts zu gebrauchen, denn man war vom Hundertsten ins Tausendste gekommen.

Jacke wie Hose

Die Redewendung bedeutet, dass etwas egal ist: «Ob du morgen vorbeikommst oder übermorgen, ist mir ‹Jacke wie Hose›. Es ist mir völlig gleich.»

Diese Formulierung erscheint zunächst einmal etwas unlogisch, denn Jacken und Hosen sind schon sehr unterschiedliche Kleidungsstücke, das merkt man spätestens, wenn man versucht, sich eine Jacke an die Beine zu knöpfen.

Um den Ursprung der Redewendung zu verstehen, muss man rund 400 Jahre zurückgehen, denn damals entstand ein neuer Modetrend. Es wurde chic, Jacken und Hosen aus dem gleichen Stoff zu tragen. Diese neuartigen Anzüge trugen in der Sprache der Schneider die Bezeichnung «Jacke wie Hose».

Und diese Moderevolution muss die Menschen so beeindruckt haben, dass sie die Formulierung aus der Schneidersprache als Redewendung übernommen haben.

K

Kaventsmann

Katzenwäsche

Mit Karacho

Kiosk

Kladderadatsch

Kohldampf haben

Etwas auf die eigene Kappe nehmen

Etwas kriegen

Kaffeekränzchen

Katzentisch

Klein beigeben

Köter und Töle

Kantersieg

Es regnet Katzen und Hunde

Karriere

Kiez

Alles Käse

Krökeln

Für die Katz

Die Kurve kratzen

Klipp und klar

Kulturbeutel oder Kulturtasche

Kaffeekränzchen

Mit einem «Kaffeekränzchen» ist im Allgemeinen ein mehr oder weniger regelmäßiges Zusammentreffen – meist von Frauen – bei Kaffee und Kuchen gemeint, bei dem es gemütlich zugeht und eher oberflächliche Gespräche geführt werden.

Schon im 16. Jahrhundert hat man solche regelmäßigen Zusammenkünfte von Frauen oder auch Paaren, bei denen die Aufgabe der Bewirtung reihum wechselte, als «Kränzchen» bezeichnet. Der Ausdruck geht auf den damaligen Brauch zurück, dass dem Mitglied ein Kränzchen aufgesetzt wurde, das beim nächsten Mal der Gastgeber sein sollte. Gern wurde in diesen Plauderrunden auch Kaffee getrunken, und so entstand um 1900 die Bezeichnung «Kaffeekränzchen».

Kantersieg

Von einem «Kantersieg» wird gesprochen, wenn ein Sportwettkampf von einer Partei mit besonders deutlichem Vorsprung gewonnen wird. Beim Fußball ist das im Allgemeinen der Fall, wenn der Sieger mindestens vier Tore mehr erzielt hat als die gegnerische Mannschaft.

Der Ursprung des «Kantersiegs» liegt in einem englischen Mordfall aus dem 12. Jahrhundert. Am 29. Dezember 1170 wurde der Erzbischof von Canterbury ermordet, woraufhin viele Pilger nach Canterbury geritten sind, um an seinem Grab zu trauern. Und diese Pilger sind offenbar in einem lockeren, leichten Galopp unterwegs gewesen, denn bald wurde die Bezeichnung «Canter» (oder eingedeutscht auch «Kanter») für genau diese entspannte, mühelose Gangart geläufig.

Wenn also bei einem Pferderennen ein Reiter lässig und mit großem Abstand gewonnen hatte, dann sagte man, sein Pferd sei in *Canterbury pace*, also Canterbury-Geschwindigkeit, gelaufen. Hier liegt der Ursprung des deutschen Kantersiegs. Auch hier wird der Gegner deklassiert, und zwar im lockeren Canterbury-Galopp.

Etwas auf die eigene Kappe nehmen

Wenn man «etwas auf die eigene Kappe nimmt», dann übernimmt man die Verantwortung dafür. Oft bedeutet die Redewendung auch, dass man etwas aus eigenem Antrieb, ohne Aufforderung tut.

Kappen waren früher Teile der Amtstracht, bei vielen Beamten und Richtern sind sie es heute noch. Sie dienten ähnlich wie bestimmte Hüte als Wahrzeichen der Herrschaft, als Feld- und Hoheitszeichen.

Und ähnlich wie bei diesen Hüten wurden auch Kappen sprachlich verarbeitet: In vielen Redewendungen standen sie bildhaft für den Kopf oder auch den ganzen Menschen. Deswegen geben wir zum Beispiel jemandem zur Strafe etwas «auf den Hut» oder «auf die Mütze». Und im Frankfurter Raum sagt man über jemanden, der geistig abwesend ist: «Der is' heute neben der Kapp'.» Er steht also quasi neben sich. Wer etwas «auf die eigene Kappe nimmt», der nimmt es also ganz freiwillig auf sich.

Mit Karacho

Was «mit Karacho» passiert, das passiert sehr schnell und rasant.

Wenn es um Schimpfwörter und Flüche geht, greifen wir Deutschen gern und häufig auf Begriffe aus der Welt der Verdauung und der Ausscheidungen zurück. In manch anderen Kulturen spielen beim Fluchen und Schimpfen hingegen die menschlichen Sexualorgane eine weit größere Rolle als bei uns.

Hier liegt auch der Ursprung des Karacho, denn es handelt sich um die eingedeutschte Schreibweise des spanischen Wortes «*carajo*», einer vulgären Bezeichnung für den männlichen Penis. Während wir beim Fluchen sagen: «Scher dich zum Teufel!», sagt der Spanier: «*Vete al carajo!*» Man soll zum *carajo* verschwinden, und zwar schleunigst. Mit der Bedeutungsverschiebung auf das Tempo haben dann im 19. Jahrhundert Seeleute in Hamburg dafür gesorgt, dass Karacho seinen Weg in die deutsche Sprache gefunden hat.

Karriere

Unter einer «Karriere» versteht man im Allgemeinen die erfolgreich verlaufende Berufslaufbahn eines Menschen. Manchmal wird die Bezeichnung allerdings auch im negativen Sinn gebraucht, wenn jemand eine «Drogen-» oder «Knastkarriere» absolviert hat.

Preisfrage: Was hat die «Karriere» eines Menschen mit englischen Autos zu tun? Antwort: Eine ganze Menge. Der Begriff

«Karriere» wurde im 18. Jahrhundert aus dem Französischen übernommen, wo das Wort *«carrière»* eine Renn- oder Laufbahn bezeichnete.

Dessen Ursprung ist übrigens das lateinische Wort *«carraria»*, das so viel wie Straße oder Fahrbahn heißt. Und das wiederum leitet sich vom lateinischen *«carrus»* für Wagen ab. Daraus ist dann unsere deutsche Karre entstanden, genauso wie die englischen Autos, denn die heißen schlicht und ergreifend *cars*.

Alles Käse

Mit dieser Formulierung drückt man aus, dass man eine Handlung, einen Zustand oder eine Sache für unsinnig, wertlos oder missglückt hält.

Edle Käsesorten sind heutzutage bei Gourmets hoch angesehen und haben ihren Preis. Das war früher, zumindest auf dem Land, nicht der Fall. Käse war ein billiges, leicht herzustellendes Nahrungsmittel, das nur einen geringen materiellen Wert besaß.

So ist dieses Milchprodukt als Symbol für etwas Wertloses in unsere Sprache eingegangen. Ganz ähnlich ist es übrigens einem nahen Verwandten des Käses ergangen, dem Quark. So kann man beim Anblick von etwas Minderwertigem – ganz nach Belieben – wahlweise sagen: alles Käse oder alles Quark.

Für die Katz

«Für die Katz» ist etwas, was man völlig vergebens getan hat, oder eine Bemühung, die absolut nichts gebracht hat.

Diese Redensart geht auf eine im 16. Jahrhundert populäre Erzählung von Burkard Waldis zurück. Sie handelt von einem Schmied, der von seinen Kunden keinen festen Preis für seine Arbeit verlangt, sondern ihnen die Entscheidung überlässt, was sie zu zahlen bereit sind. Das führt dazu, dass diese sich freundlich bedanken und seine Arbeit überhaupt nicht entlohnen. Daraufhin bindet der Schmied in seiner Wut eine Katze in seiner Werkstatt an, und immer wenn ein Kunde ihm wieder nichts als seinen Dank entrichtet, sagt er: «Katz, das geb ich dir!» Der Katze reicht das natürlich nicht zum Überleben, und sie verhungert am Ende der Geschichte jämmerlich. Fazit: Wenn eine Leistung «für die Katz» ist, hat man sie definitiv vergeblich erbracht.

Es regnet Katzen und Hunde

Diese Redewendung beschreibt einen besonders starken, intensiven, strömenden Regen.

Von diesem Sprichwort gibt es eine exakte englische Entsprechung: «*It's raining cats and dogs.*» Unzählige Theorien konkurrieren darum, die Herkunft zu erklären: Da wird unter anderem die nordische Mythologie bemüht oder der Versuch unternommen, die Formulierung aus lateinischen oder griechischen Ausdrücken herzuleiten, letztlich jedoch wenig überzeugend.

Höchstwahrscheinlich ist der Ursprung der Redewendung wesentlich naheliegender: In früheren Jahrhunderten gab es in den Städten und Dörfern viel mehr freilebende Hunde und Katzen als heute. Es gab allerdings keine Kanalisation. So haben sich bei starkem Regen sehr schnell Wasserläufe in den Straßen gebildet, die dann auch ertrunkene Tiere, zum Beispiel junge Katzen oder Hunde, mitgespült haben. Und das sah dann so aus, als hätte es wirklich Katzen und Hunde geregnet.

Katzenwäsche

Von einer «Katzenwäsche» spricht man, wenn Menschen sich nicht gründlich waschen, sondern sich nur oberflächlich und flüchtig an einigen Stellen reinigen, ohne viel Wasser zu benutzen.

Am Reinlichkeitssinn von Katzen könnten sich manche Leute ein Vorbild nehmen. Bis zu drei Stunden täglich sind sie mit der Körperpflege beschäftigt, wobei sie Fell und Pfoten unter Zuhilfenahme von Zunge und Speichel gründlich säubern. Daher kann die abwertende Bedeutung des Wortes «Katzenwäsche» also schon mal nicht kommen.

Sie hängt mit der Tatsache zusammen, dass Hauskatzen in der Regel ziemlich wasserscheu sind, denn ihre Vorfahren haben in eher trockenen Gebieten gelebt, in Afrika, dem Nahen Osten und auf einigen Mittelmeerinseln. Sie angeln sich zwar schon mal einen Fisch aus dem Gartenteich, aber ansonsten lassen sie Wasser nicht so gern an sich ran, genauso wie ein Mensch, der sich eine Katzenwäsche gönnt.

Katzentisch

Der «Katzentisch» ist ein separater Sitzplatz, der nicht zur eigentlichen Tischordnung gehört. In Restaurants handelt es sich häufig um ungünstig platzierte Tische, zum Beispiel in der Nähe der Türen oder Toiletten. Im übertragenen Sinn bezeichnet der «Katzentisch» eine Außenseiterposition innerhalb einer Gemeinschaft, einen Platz im Abseits, wo sinnbildlich Menschen mit einem niedrigeren sozialen Rang Platz nehmen müssen.

Schon in der Antike gab es kleine Tische, an denen Katzen, aber oft auch kleinen Hunden, ihr Futter gereicht wurde. Das waren in der Regel Kopien von Tischen für Menschen, nur eben im Kleinformat. Viele Jahrhunderte lang waren diese Tiermöbel in der besseren Gesellschaft und in Adelskreisen weit verbreitet. Später ist der Begriff dann als Bezeichnung für gesonderte Sitzgelegenheiten für rangniedere Menschen, häufig auch Kinder, übernommen worden.

Kaventsmann

In der Sprache der Seeleute bezeichnet der «Kaventsmann» eigentlich eine riesige Welle – heute würde man von einer gefährlichen Monsterwelle sprechen. Inzwischen benutzt man den Ausdruck ganz allgemein für etwas Gewaltiges, besonders Großes und Beeindruckendes.

Wenn jemand früher für jemand anderen gebürgt hat oder als Gewährsmann für ihn eingetreten ist, hat man ihn als Kaventsmann bezeichnet, abgeleitet vom lateinischen Wort *«cavens»*, das so viel bedeutet wie «Hilfe leistend». Diese echten Kaventsmänner mussten natürlich schon ziemlich wohlhabend sein, um für jemanden bürgen zu können, und so bekam der Kaventsmann allmählich auch die Bedeutung «reicher Mann».

Und, wie das Leben so spielt, wohlhabende Herren sind ja häufig auch entsprechend wohlgenährt und somit nicht gerade gertenschlank. So wurde der Kaventsmann zusätzlich zum dicken Mann, zum riesigen Brocken, zur Bezeichnung für etwas Großes oder Monströses – wie zum Beispiel die riesigen Wellen.

Kiez

Ein «Kiez» ist ein Wohnviertel in einer Stadt, in dem im Allgemeinen ärmere Bevölkerungsschichten leben. Häufig dominiert hier das Rotlichtmilieu. In letzter Zeit wird «Kiez» aber immer häufiger auch als buntes, kulturell vielfältiges Vergnügungsviertel verstanden.

«Kieze» waren früher kleine Dorfsiedlungen in slawischen Siedlungsgebieten östlich der Elbe. Oft entstanden sie neben Burgen und waren dann Wohnorte von niederen Bediensteten – heute würde man sagen: der Unterschicht.

Später wurde der Begriff dann übertragen auf allgemein leicht anrüchige Stadtviertel und Rotlichtreviere wie St. Pauli in Hamburg oder das Steintor in Hannover, wo inzwischen Wohnstraßen und Partymeilen nebeneinander existieren und so den Kontrast ergeben, der das Flair dieser Quartiere ausmacht.

Kiosk

Als «Kiosk» bezeichnet man eine Trinkhalle oder Bude, in der Getränke, Tabak, Süßwaren und Zeitungen verkauft werden.

«Kioske» tragen viele schöne regionale Namen: Im Ruhrgebiet heißen sie schlicht «Bude», in Köln «Büdchen», in Berlin «Spätkauf», in Frankfurt «Wasserhäuschen», und in Hannover ist man bis vor rund 30 Jahren zur «Nebgen-Bude» gegangen, benannt nach dem Getränkeabfüller Carl Nebgen, der einst rund 100 Trinkhallen dort betrieb.

Die heute populäre Bezeichnung «Kiosk» hat einen fast romantischen Hintergrund und kommt aus dem Nahen Osten. Das türkische Wort *«köşk»* ist ursprünglich die Bezeichnung für ein orientalisches Gartenhäuschen, und aus diesem *«köşk»* ist dann mit der Zeit der Kiosk geworden, an dem wir unsere Getränke, Zeitungen und Süßigkeiten kaufen.

Kladderadatsch

«Kladderadatsch» ist eine abwertende Bezeichnung für minderwertigen oder lästigen Kleinkram sowie unnützes Gerümpel. Das Wort steht aber auch für Krach, Zusammenbruch oder Misserfolg.

«Kladderadatsch» ist in Berlin als ein lautmalerischer Ausdruck entstanden: Das Wort sollte das Geräusch wiedergeben, das entsteht, wenn etwas herunterfällt und mit lautem Getöse kaputtgeht oder in Scherben zerbricht.

Das Wort war im 19. Jahrhundert in Berlin sehr populär.

Deutschlandlandweit ist es bekannt geworden, als 1848 eine politische Satirezeitung erstmalig erschien, die diesen Namen trug und immerhin bis 1944 verkauft wurde (in den letzten 20 Jahren mit einer deutlichen inhaltlichen Nähe zum Gedankengut der Nationalsozialisten).

Aber auch Friedrich Engels hat das Wort benutzt. Als er im 19. Jahrhundert die Zeit des Kommunismus heraufdämmern sah, sagte er voraus, dass die bürgerliche Gesellschaft zusammenbrechen werde, und zwar mit einem lauten Kladderadatsch.

Klipp und klar

Wenn ich jemandem etwas «klipp und klar» sage, dann sage ich es unmissverständlich und sehr deutlich, ohne um den heißen Brei herumzureden.

Der Ausdruck «klipp und klar» ist seit dem 18. Jahrhundert bekannt. Die zweite Hälfte dieser Formulierung dürfte klar sein; die Frage stellt sich, was das Wort «klipp» in diesem Zusammenhang bedeutet. Es kommt aus dem Niederdeutschen, also Plattdeutschen, und bedeutet «passend». Wenn etwas funktionierte oder gut passte, dann «klippte» es. Daraus ist in unserer heutigen Umgangssprache der Ausdruck «es klappt» geworden. Und damit ist auch geklärt, was «klipp und klar» ursprünglich hieß, nämlich, dass etwas eindeutig ist: passend und klar.

Klein beigeben

Wenn man «klein beigibt», dann fügt man sich einem Druck oder Zwang, man gibt nach, man gibt seinen Widerstand auf.

Diese Redewendung ist vor rund 200 Jahren populär geworden, und ihr Ursprung liegt in den damals populären Kartenspielen. Wenn ein Spieler keine Karten mit hohem Wert auf der Hand hatte, blieb ihm nichts anderes übrig, als den Mitspielern auch Karten mit geringerem Wert, also kleine Karten, zuzuspielen – er musste also «klein beigeben».

Kohldampf haben

Wenn man «Kohldampf hat», dann hat man großen Hunger. Manchmal hört man auch die Variante «Kohldampf schieben».

Der «Kohldampf» kommt aus dem Rotwelsch, also der alten deutsch-jiddischen Gaunersprache. Hier hatte das Wort «Kohler» die Bedeutung von Hunger, genauso wie das Wort «Dampf». Beide Bestandteile von «Kohldampf» heißen also «Hunger», «Kohldampf» ist gewissermaßen Hunger mal zwei. Fachleute nennen solche Wörter, die quasi doppelt gemoppelt sind, «tautologische Bildungen».

Und wenn man «Kohldampf schiebt», dann stammt auch das «Schieben» aus dem Rotwelsch und heißt etwas tun oder machen. Fazit: «Kohldampf schieben» bedeutet eigentlich «Hunger-Hunger machen».

Köter und Töle

Beide Wörter sind negativ gemeinte und abwertende Bezeichnungen für Hunde.

Kleinbauern und Leibeigene haben in früheren Jahrhunderten in kleinen, einfachen Hütten gelebt, den sogenannten Koten oder Katen. Entsprechend nannte man diese Kleinbauern Kätner, Köthner, Köttner oder Köter. Menschen mit einem niedrigen sozialen Status wie diese Kleinbauern durften nur Hunde halten, die eine bestimmte Größe nicht überschritten. Mit anderen Worten: Die Hunde dieser Köthner oder Köter waren oft relativ kümmerliche und nicht besonders imposante Erscheinungen. Irgendwann ist die Bezeichnung für die Menschen dann auf ihre Hunde übertragen worden, und es kam zu der unfreundlichen Bezeichnung «Köter» für Hunde ganz allgemein.

Das Wort «Töle» findet sich schon im Plattdeutschen des 16. Jahrhunderts. Zuerst war es die Bezeichnung für Hündinnen, später dann auch für Homosexuelle und Prostituierte. Hündinnen verhalten sich, wenn sie läufig sind, sexuell ziemlich hemmungslos und triebhaft, und so hat man die Bezeichnung «Töle» in ihrer abwertenden Bedeutung auf diese Menschengruppen ausgeweitet, denen man die gleiche Scham- und Zügellosigkeit unterstellte.

Interessanterweise ist die sprachliche Entwicklung im Englischen genauso verlaufen wie bei uns. *«Bitch»* ist die Bezeichnung für eine Hündin, aber auch für eine Hure. Wenn also ein Engländer sagt, jemand sei ein *«son of a bitch»*, dann ist der Beschimpfte der Sohn einer Hündin und zugleich der Sohn einer Hure.

Etwas kriegen

Dieses Verb, das so viel wie bekommen oder erhalten bedeutet, ist sehr häufig und weit verbreitet, hat aber eine ungewöhnliche Entstehungsgeschichte.

Warum wir Geschenke auch kriegen, anstatt sie zu bekommen oder zu erhalten, ist eine interessante Frage. Die Antwort liegt höchstwahrscheinlich in dem Deutsch, das man vor ungefähr 800 Jahren gesprochen hat. Denn im Mittelhochdeutschen hat man nicht davon gesprochen, dass man etwas kriegt, sondern davon, dass man etwas *er*kriegt. Man bekam es, nachdem man es sich mit Mühe erkämpft hatte, man hatte es also bildhaft in einem Krieg gewonnen, sich also erkriegt.

Im Lauf der Jahrhunderte ist dann die Vorsilbe «er-» verschwunden und die heutige Bedeutung von einfach etwas bekommen ist entstanden. Kaum zu glauben, aber wahr: Dass wir schöne Weihnachtsgeschenke kriegen, geht sprachlich tatsächlich auf so etwas Unschönes wie den Krieg zurück.

Krökeln

In der Region Hannover bedeutet «krökeln» «Tischfußball spielen» oder «kickern».

Es wird ja häufig die Meinung vertreten, dass in Hannover das beste Hochdeutsch der ganzen Republik gesprochen werde. Das kann man aber nicht so uneingeschränkt stehen lassen. Früher wurde im Raum Hannover eine eigene Form des Plattdeutschen gesprochen, die sogenannte ostfälische Mundart. Im 19. Jahrhundert hat dann die hannöversche Oberschicht zunehmend hochdeutsch gesprochen – aber mit einer deutlichen Dialektfärbung. Und einige urhannöversche Ausdrücke haben in diesem städtischen Hannoveranisch bis heute überlebt, einer davon ist das Wort «Krökel» für eine Eisenstange. Und weil beim Tischfußball Metallstangen gedreht werden, kickert man in Hannover nicht, sondern man krökelt.

Kulturbeutel oder Kulturtasche

«Kulturbeutel», oft auch «Kulturtasche» genannt, sind kleine Behälter, in denen Hygieneartikel aufbewahrt werden, zum Beispiel Nagelfeilen und Nagelscheren, auf Reisen oft auch Zahnpasta und Zahnbürste.

Bei dem Wort «Kultur» denken wir meistens an Dinge wie Museen, Theater, klassische Musik oder Ballett. Von alldem ist in einem Kulturbeutel tatsächlich aber relativ wenig enthalten.

Die Antwort auf die Frage nach dem Ursprung des Wortes findet man im antiken Rom. Hier bedeutete *«cultura»* zunächst «Bearbeitung», «Ackerbau» und «Pflanzenpflege». Noch heute sprechen wir von Monokulturen, wenn nur *eine* Pflanzen- oder Baumart gezüchtet wird, oder von Pilzkulturen, die ein Wissenschaftler anlegt.

Das alte Wort *«cultura»* bedeutete aber nicht nur Pflanzenpflege, sondern auch Pflege ganz allgemein. Und hierzu zählt im weiteren Sinne alles, was Menschen hervorbringen und kreativ entwickeln, was in der Natur nicht vorkommt, bis hin zu geistigen und künstlerischen Errungenschaften. All diese Dinge müssen entwickelt und gepflegt werden, so wie unser Körper. Dementsprechend enthält der Kulturbeutel Dinge für die Körperpflege. Und insofern trägt er seinen Namen zu Recht – man will ja schließlich nicht völlig unkultiviert aussehen.

Die Kurve kratzen

Diese Formulierung hat zwei Bedeutungen: Zum einen benutzt man sie, wenn man schnell vor etwas wegläuft oder flüchtet, zum anderen bedeutet sie, dass man etwas im letzten Moment noch geschafft oder erreicht hat.

Im Mittelalter gab es in den meisten Orten sehr viele enge Wege und Gassen. Und durch diese Gassen fuhren natürlich auch die damaligen Kutschen. Dabei haben sie immer wieder auch mal die Wände der Häuser berührt und sie dabei «angekratzt». Um das zu verhindern, stellten die Bewohner der Häuser Steinblöcke auf, sogenannte Kratzsteine. So wurde der Weg für die Kutscher zwar noch enger gemacht, aber immerhin blieben die Hauswände verschont, weil nur die Steine beschädigt wurden. Viele Kutscher kamen dann erst recht nur noch knapp durch die Kurven, sie «kratzten die Kurve» gerade so eben noch.

L

Lügen, dass sich die Balken biegen

Jemanden hinters Licht führen

Vom Leder ziehen

Sich nicht lumpen lassen

Spitz wie (Nachbars) Lumpi sein

Litfaßsäule

Vom Leder ziehen

Wenn jemand «vom Leder zieht», dann kritisiert er jemand anderen scharf, verunglimpft ihn oder greift ihn auf andere Weise verbal an.

Das ist mal wieder eine von den Redensarten, über die man sich wundert, weil die Dinge, auf die sie zurückgehen, völlig aus unserer Welt verschwunden sind und nur die Formulierung überlebt hat. Sie stammt aus dem 16. Jahrhundert, und das Leder, von dem damals gezogen wurde, war die lederne Scheide, in der Degen oder Schwerter getragen wurden. Wer also einen Kampf beginnen oder sich verteidigen wollte, musste zunächst mal die Waffe aus dieser Scheide ziehen, er musste sie «vom Leder ziehen».

Jemanden hinters Licht führen

Wer «hinters Licht geführt» wird, der wird getäuscht, übervorteilt oder ausgetrickst.

Wo es genügend Licht gibt, ist es hell, und man kann die Echtheit von Geld oder die Qualität einer Ware entsprechend gut überprüfen. Im Dunkeln ist das logischerweise nicht so leicht möglich. Es stellt sich nur die Frage: Wo genau ist «hinter dem Licht»?

In dieser Redewendung wird ein Mensch bildhaft an die Hand genommen und zum Beispiel hinter eine Lampe geführt, die nicht gleichmäßig in alle Richtungen leuchtet und womöglich nach hinten abgeschirmt ist. Und dort, im Halbdunkel, wird der arme Trottel dann vom Täter übel vorgeführt.

Litfaßsäule

«Litfaßsäulen» sind runde Säulen, die mit Bekanntmachungen und Werbeplakaten beklebt werden. Ihre Zahl nimmt seit einiger Zeit ab, weil andere Werbemittel inzwischen größere Erfolge zeigen.

Mitte des 19. Jahrhunderts war der Polizeipräsident von Berlin schwer verärgert, weil überall Hauswände, Bäume und Zäune mit Werbemitteilungen sowie Handzetteln vollgeklebt waren. In ganz Berlin wurde sozusagen wild plakatiert. Dieser Zustand musste beendet werden, aber niemand wusste, wie, bis ein Berliner Buchdrucker seine Erfindung präsentierte: eine «Annonciersäule» zum Ankleben von Plakaten und Mitteilungen. Er bekam das Monopol in Berlin für dieses Werbemittel, und im Sommer 1855 wurden die ersten 100 Anschlagsäulen in der Stadt aufgestellt. Benannt wurden sie nach dem klangvollen Namen ihres Erfinders: Ernst Litfaß.

Lügen, dass sich die Balken biegen

Das tut jemand, der besonders dreist und unverschämt lügt.

Dass Lügen im Allgemeinen moralisch verwerflich sind, ist heutzutage unbestritten. In früheren Jahrhunderten wurden Lügen aber noch wesentlich drastischer beurteilt. Im Mittelalter hat man sie als schwere Last gesehen, die einen Menschen quasi niederdrücken kann. Daher gibt es in vielen Redewendungen Anspielungen auf das Gewicht, das wirklich faustdicke Lügen erreichen können. Lügen, bei denen sich die Balken biegen, tauchen schon in Dokumenten aus dem 16. Jahrhundert auf.

Noch schlimmer ergeht es einem Schneidergesellen in einer historischen Erzählung von Johann Fischart: Der lügt so unverschämt, dass sich nicht nur die Balken biegen, sondern durch seine Lügerei die ganze Werkstatt zusammenkracht.

Spitz wie (Nachbars) Lumpi sein

Wer «spitz wie Lumpi» ist, befindet sich ständig auf der Suche nach sexuellen Kontakten. Häufig wird die Redensart noch durch die Information konkretisiert, um welchen «Lumpi» es sich denn nun genau handelt. Dann heißt sie «spitz wie Nachbars Lumpi».

«Spitz» ist ein Eigenschaftswort mit vielen verschiedenen Bedeutungen: Es kann aussagen, dass etwas zugespitzt ist, eckig oder kantig. Auch ein schriller Schrei kann «spitz» sein oder eine ironische Bemerkung, die jemand macht.

«Spitz» kann darüber hinaus aber auch heißen, dass jemand sexuell erregt ist. Und wer schon mal eine Hündin gehalten hat, der weiß, wie «spitz» diese Tiere sind, wenn sie gerade läufig sind – wobei Rüden ihnen in dieser Hinsicht in nichts nachstehen: Sie sind dann nicht mehr zu bremsen, kaum zu halten, absolut triebgesteuert.

Die nette Bezeichnung «Lumpi» war früher ein sehr häufiger Hundename. Somit bedeutet die Redensart ursprünglich: Jemand ist spitz wie die läufige Hündin oder der Rüde aus der Nachbarschaft.

Sich nicht lumpen lassen

Wer «sich nicht lumpen lässt», der ist bei einer Feier, in einer Kneipe oder bei einem anderen Anlass großzügig und freigiebig – also das Gegenteil von geizig und knauserig.

Bis weit ins 20. Jahrhundert hinein waren Lumpensammler ein gewohntes Bild auf deutschen Straßen, also Leute, die Stoffreste gesammelt oder angekauft haben. Wie viele andere soziale Randgruppen hatten diese Leute bei der Bevölkerung ein mieses Image, und sehr alte Leute sagen auch heute noch manchmal: «Du bist ein Lump», wenn sie jemanden als minderwertigen, niederträchtigen Menschen beschimpfen, also als Lumpensammler. Wer großzügig und freigiebig ist, zeigt, dass er eben kein Lump ist, denn er «lässt sich nicht lumpen».

Eine Marotte haben

Von hier bis nach Meppen

Etwas mopsen

M

In rauen Mengen

Wer zuerst kommt, mahlt zuerst

Mahlzeit

Strammer Max

Mitgegangen, mitgefangen, mitgehangen

Muffensausen haben

Manschetten haben

Wer zuerst kommt, mahlt zuerst

Diese Redewendung besagt, dass alle gleich behandelt werden. Bei einer Entscheidung, einem Handel oder einer Veranstaltung werden diejenigen zuerst berücksichtigt, die zuerst erscheinen, alle anderen nach der Reihenfolge ihres Eintreffens.

Diese Formulierung ist ein sogenanntes Rechtssprichwort und in seiner Aussage uralt. Um 1230 erschien mit dem berühmten *Sachsenspiegel* eine Sammlung damals aktueller Rechtsregeln in Form einfacher Merksätze. Dort lautet die heutige Redewendung: «Die ok irst to der molen kumt, die sal erst malen.» Und das hieß im Klartext: An einer ganz normalen Mühle (im Gegensatz zu einer «Herrenmühle» etwa) ging man damals nicht nach Rang oder Status der Kunden vor, sondern ausschließlich nach dem Zeitpunkt ihrer Ankunft. Wer zuerst da war, durfte somit auch zuerst sein Korn mahlen.

Mahlzeit

«Mahlzeit» ist als knapper Gruß in der Mittagszeit im westlichen Bereich Deutschlands weit verbreitet und besonders im Berufsleben unter Kollegen üblich.

Bis vor rund 200 Jahren wünschte man den Menschen eine gesegnete Mahlzeit, und entsprechend lautete die Grußformel dann auch in ganzer Länge: «Gesegnete Mahlzeit!» Die Segnung wurde dann im Laufe des 19. Jahrhunderts eingespart, übrig blieb das knappe «Mahlzeit».

Mit deutscher Gründlichkeit hat vor kurzem der für Benehmensfragen zuständige Arbeitskreis «Umgangsformen International» in Bielefeld die Bedeutung von «Mahlzeit» untersucht und ist zu dem Schluss gekommen, dass es nicht als amtlich anerkannte Grußformel gelten kann. Ein Großteil der deutschen Bevölkerung lehne diesen Gruß ab und begegne man sich im Toilettenvorraum sei er ohnehin, so wörtlich, «völlig fehl am Platz» – was ja auch irgendwie einleuchtet.

Manschetten haben

Wenn man vor etwas «Manschetten hat», dann hat man Angst davor, scheut davor zurück oder hat zumindest größten Respekt davor.

Nicht erst heute, auch im späten 18. Jahrhundert ist die Mode schon eigenwillige Wege gegangen. Damals waren unter anderem übergroße Aufschläge an den Ärmeln, also riesige Manschetten, bei Männern schwer angesagt und modisch voll im Trend. Das führte dazu, dass diese Hemdsärmel in manchen Fällen die Hände bedeckten und praktisch deren Handlungsfreiheit behinderten. Wer diese monströsen Manschetten trug, tat sich sehr schwer damit, den Griff eines Degens zu ergreifen und einigermaßen erfolgreich damit zu kämpfen.

So entstand ein negatives Image: Ein Mann mit solch großen Manschetten galt schnell als ängstlicher Feigling, der nicht kämpfen wollte und ängstlich war. Er wurde damals als «modischer Zärtling» bezeichnet, man hielt ihn schlicht, wie wir heute sagen würden, für ein Weichei.

Eine Marotte haben

Wer «eine Marotte hat», der zeichnet sich durch eine merkwürdige Angewohnheit oder Vorliebe aus. Das kann völlig harmlos sein, in extremen Fällen, wie zum Beispiel bei einem ausgewachsenen Putzfimmel, können aus einfachen Marotten aber auch Zwangshandlungen werden.

Der Ursprung unserer «Marotten» liegt im Französischen, und zwar in der Verkleinerungsform für die heilige Maria. Das ist sozusagen die Mutter aller Marotten in Form einer kleinen Heiligenfigur, die Maria darstellt.

Im ausgehenden Mittelalter hat die Zunft der Narren und Spaßmacher diese Marotten für sich entdeckt, und schon im 16. Jahrhundert war es üblich, dass die Narren, vor allem ihre Zunftmeister, insbesondere bei Umzügen eine Marotten-Maske vor dem Gesicht oder eine entsprechende Figur auf einem Stab vor sich hergetragen haben. Reste dieser Tradition kann man heute noch im Karneval oder der Fastnacht sehen. Und weil das ziemlich schrullig und schräg aussieht, wurde aus der vor sich her getragenen Marotte eine Bezeichnung für merkwürdiges Verhalten.

Strammer Max

Der «stramme Max» ist eine in ganz Deutschland verbreitete Mahlzeit. Sie besteht aus einem Schinkenbrot mit Spiegeleiern, wobei das Brot je nach Variante in Butter angeröstet und der Schinken, wahlweise auch Schinkenspeck, manchmal angebraten wird.

Alle seriösen wissenschaftlichen Quellen sind sich darin einig, dass der «stramme Max» vor knapp hundert Jahren im sächsischen Sprachraum aufgekommen ist. Er hatte aber ursprünglich eine völlig andere Bedeutung und war die Bezeichnung für das männliche Glied in erigiertem Zustand.

Aber die deftigen Brote mit Spiegeleiern und Schinken galten als kraftspendende Mahlzeit, die sogar die sexuelle Potenz steigern könne. Deswegen wurde der Ehrentitel «strammer Max» jetzt auf die Schinkenbrote übertragen – im festen Glauben daran, dass der «stramme Max» einen strammen Max macht.

Von hier bis nach Meppen

Die Redewendung ist in Deutschland gar nicht so unbekannt, wie man vermuten könnte. Sie bedeutet, dass etwas sehr lang ist, zum Beispiel ein Weg, den man vor sich hat, oder die Schlange an einer Supermarktkasse. Sie kann allerdings auch einfach nur heißen, dass etwas extrem ist. Deswegen kann es stinken «bis nach Meppen» oder jemand kann doof sein «bis nach Meppen».

Für die meisten Deutschen, aber auch für die meisten Niedersachsen, liegt Meppen weit abgelegen. Immerhin sind es von hier nur 15 km bis zur holländischen Grenze, und Meppen mit seinen immerhin 35 000 Einwohnern ist das letzte Mittelzentrum vor dieser Grenze: Im Westen grenzt Meppen an Twist, und dann kommen auch schon die Niederlande.

So ist Meppen in dieser Redewendung zu einem Symbol für

etwas geworden, was weit draußen liegt, für die meisten, zumindest gefühlt, sehr weit weg. Für viele wandernde Handwerksgesellen aus Süddeutschland ist es sogar Ehrensache, sich in Meppen einen Eintrag in ihrem Wanderbuch abzuholen, damit sie später sagen können: Ich bin in Deutschland wirklich weit rumgekommen – bis nach Meppen!

In rauen Mengen

Wenn etwas reichlich oder im Überfluss vorhanden ist, sprechen wir davon, dass es in «rauen Mengen» vorliegt.

Die Formulierung ist auf den ersten Blick wirklich etwas rätselhaft, schließlich haben ja längst nicht alle Sachen, von denen es Unmengen gibt, eine raue Oberfläche.

Sehr oft haben jüdische Formulierungen die deutsche Alltagssprache geprägt, so auch in diesem Fall: Im Neuhebräischen gibt es das Wort *«raw»*, gesprochen wie das deutsche «rau», in der Bedeutung von «viel». Als die Redewendung ins Deutsche übernommen wurde, hat die deutsche Schreibweise die jüdische ersetzt, sodass es zu der scheinbar sinnlosen Formulierung «in rauen Mengen» kam.

Mitgegangen, mitgefangen, mitgehangen

Mit dieser Devise ist gemeint, dass Menschen, die sich im Umfeld einer Straftat oder eines Täters aufhalten, zumindest verdächtig oder mitschuldig sind.

Wann diese Redensart zum ersten Mal aufgetaucht ist, lässt sich nicht zweifelsfrei klären. Sicher ist hingegen, dass der historisch korrekte Wortlaut ist: mitgegangen, mitgefangen, mitgehangen.

Dahinter verbirgt sich ein uraltes Rechtsprinzip: Wer sich in einer Gruppe von Straftätern aufhielt und mit ihr zu tun hatte, galt als Mittäter und wurde verurteilt, auch wenn ihm einzelne Taten nicht konkret nachgewiesen werden konnten. Dieser Grundsatz gilt in modernen Rechtsstaaten nicht mehr – heute muss in jedem Einzelfall die Schuld eines Angeklagten nachgewiesen werden.

Trotzdem gibt es auch heutzutage noch Diskussionen um dieses Prinzip: Wenn zum Beispiel jemand auf einem Piratenschiff erwischt wird oder sich in einem Terrorcamp hat schulen lassen – ist er dann schon Täter oder bleibt er nur verdächtig? Manches Mal wird dann der Ruf nach dem alten Rechtsprinzip wieder laut: mitgegangen, mitgefangen, mitgehangen.

Etwas mopsen

Wer etwas «gemopst» hat, der hat es gestohlen. Im Allgemeinen verwendet man diese Formulierung allerdings nicht bei schweren Straftaten, sondern eher bei relativ harmlosen, kleineren Diebstählen.

Mit Möpsen, also diesen kleinen Hunden mit den runden Gesichtern, hat das Mopsen nichts zu tun. Es geht zurück auf die hebräische Sprache, in der das Wort *«ma'oth»* für eine Münze steht. Mit dieser Bedeutung ist es dann in die deutsche Gaunersprache Rotwelsch eingegangen und dort zu einer Bezeichnung für Geld ganz allgemein geworden.

Auf seinem weiteren Weg ist dann aus *«ma'oth»* «Moos» geworden, und noch heute sagen wir über wirklich wohlhabende Leute manchmal, dass sie reichlich Moos haben. Und aus diesem Moos ist dann wiederum das Mopsen entstanden. Es bezog sich also ursprünglich auf das Stehlen von Geld.

Muffensausen haben

Wer «Muffensausen» hat, der hat Angst oder sehr großen Respekt vor etwas oder jemandem.

Als Muffen bezeichnet man im technischen Bereich Bauelemente zum Verbinden von Rohren oder Kabeln sowie die Verschlussstücke an Rohrenden. Und genau diese Art von Endmuffen hat man bildhaft auf den Enddarm des Menschen übertragen, das heißt, wenn bei ihm die Muffe saust, dann ist ganz schön was los im Darmtrakt, und es kann unangenehm windig werden.

Der Ursprung der Formulierung liegt also in der Tatsache, dass große Angst den Menschen häufig auf den Magen oder auf die Verdauung schlägt, und es kann durchaus passieren, dass dann «die Muffe am hinteren Ende so richtig saust».

N

Dumme Nuss

Nagelneu oder nigelnagelneu

Not am Mann

Auf Nummer sicher gehen

Immer der Nase nach

Einen Narren an jemandem gefressen haben

Einen Narren an jemandem gefressen haben

Diese Redewendung bedeutet, dass man jemanden sehr gern mag, dass man ihn anderen gegenüber eventuell sogar bevorzugt, dass man in ihn «vernarrt» ist.

Es gibt verschiedene Theorien zur Herkunft dieser Redewendung, die plausibelste und auch am häufigsten angeführte geht zurück auf die sogenannten Hofnarren früherer Jahrhunderte.

Diese Hofnarren waren so etwas wie die heutigen Comedians oder Kabarettisten, die aber als Günstlinge am Hof der Herrscher lebten und denen ziemlich derbe Scherze und Witze auch über den Herrscher selbst erlaubt waren. Wenn der Adelige seinen Hofspaßmacher besonders schätzte, dann hat er sich den ein oder anderen Scherz zu eigen gemacht. Bildlich gesprochen hat er am Narren geknabbert und sich einen Teil seines Witzvorrats einverleibt, er hat also einen «Narren an ihm gefressen».

Nagelneu oder nigelnagelneu

Beide Formulierungen betonen, dass etwas wirklich neu und absolut unbenutzt ist, es also direkt aus der Fabrik kommt. Es wurde quasi frisch zusammengenagelt. Als Steigerung von «nagelneu» wird häufig der Zusatz «nigel» vorangestellt. Diese Form entwickelte sich zum Modewort, immer wieder gern herausgeplappert, vor allem in den Verkaufsshows von TV-Shoppingsendern.

In diesem Fall muss man tief in die Kiste mit den Fachbegriffen greifen. Da findet man die sogenannten Reduplikationen. Das sind Begriffe, die dadurch entstehen, dass Worte oder Wortteile verdoppelt und dann aneinandergereiht werden. Besonders kleine Kinder lieben diese Reduplikationen, etwa den Wauwau oder das Töfftöff. Aber auch Erwachsene benutzen sie oft, wie zum Beispiel bei «zack, zack!», Kleinklein oder Kuckuck.

Bei einer häufigen Sonderform der Reduplikation wird ein Buchstabe des Ausgangswortes verändert, zum Beispiel bei ruckzuck, Kuddelmuddel oder Singsang. Genau das ist auch bei nigelnagelneu passiert: Der erste Wortteil doppelt den Nagel, und dieser wirkt dadurch besonders nachdrücklich. Und im Zuge dieser Reduplikation ist aus dem «a» im Nagel ein «i» geworden.

Immer der Nase nach

Wer den Ratschlag «immer der Nase nach» mit auf den Weg bekommt, der soll auf seinem Weg bleiben und sich nicht irritieren lassen, sondern einfach geradeaus weiterlaufen.

Es gibt eine Herleitung, bei der die Redewendung auf die Besonderheiten der menschlichen Anatomie zurückgeführt wird: Die menschliche Nase zeigt bei aufrechter und grader Kopfhaltung nach vorn. Wer ihr folgt, geht unbeirrt geradeaus und erreicht so ein Ziel, das vor ihm liegt.

Eine zweite Theorie ist aber mindestens genauso plausibel: Hiernach liegen die Ursprünge dieser Redensart im Mittelalter. Damals war allerdings mehr damit gemeint als nur einfaches Geradeausgehen; der Hintergrund ist nicht besonders appetitlich: Es ist allgemein bekannt, dass die Bewohner einer Burg ihre Abfälle und Fäkalien nicht wie heute ordentlich entsorgt haben. Ganz im Gegenteil wurde alles kurzerhand in den Burggraben gekippt, wodurch sich ein ziemlich übler Geruch entwickelte. Für das fahrende Volk, vornehmlich Bettler und Gaukler, stellten Burgen attraktive Anziehungspunkte dar, weil es in deren Nähe meist lukrative Märkte gab, wo man zu Geld kommen konnte. Dazu musste die Burg aber erst einmal gefunden werden. Doch nichts leichter als das, wenn man sich am Geruch orientierte: Man ging einfach immer der Nase nach.

Not am Mann

«Not am Mann» liegt dann vor, wenn eine Bedrohung oder eine Gefahr besonders groß ist.

Die Redewendung stammt aus Zeiten, als es beim Militär weder weittragende Waffen noch Zielfernrohre, geschweige denn Drohnen, also unbemannte Flugzeuge, gab. Bei persönlichen Konfrontationen und im Krieg stand man dem Gegner noch von Angesicht zu Angesicht gegenüber und musste direkt gegen ihn antreten. Das heißt, wenn es ernst wurde, war die Not, also die Bedrohung, ganz direkt am Mann.

Später wurde diese ursprüngliche Bedeutung dann zunehmend zurückgedrängt, und heute kann in allen denkbaren Lebensbereichen «Not am Mann» sein, auch im übertragenen Sinne, wenn überhaupt keine kämpfenden Männer mehr in Sichtweite sind.

Auf Nummer sicher gehen

Wer «auf Nummer sicher geht», der sorgt dafür, dass eine Sache wirklich klappt, dass ein Vorgang reibungslos abläuft und dass nichts schiefgehen kann.

Wenn man «auf Nummer sicher geht», dann heißt das eigentlich, dass man später «auf Nummer sicher sitzt». Hört sich vielleicht unlogisch an, ist es aber nicht. Denn die Redewendung spielt ursprünglich auf Gefängniszellen an, in denen Häftlinge eingesperrt sind. Die Zellen im Knast sind nummeriert, und wer hier eingebuchtet wird, von dem geht zunächst mal keine Gefahr mehr aus, denn er «geht auf Nummer sicher».

Dumme Nuss

So bezeichnet man einen Menschen, dem man insgesamt keine besonders große Intelligenz attestiert.

Seit Jahrhunderten wird in der deutschen Umgangssprache die Bezeichnung «Nuss» auch auf den menschlichen Kopf übertragen. Das liegt sicherlich an einer gewissen Ähnlichkeit, denn Nussschalen ähneln im weitesten Sinne unseren Schädelknochen, beide verbergen und schützen einen Inhalt: bei Nüssen ist es der Fruchtkern, bei Menschen das Gehirn. Dazu kommt die verblüffende Ähnlichkeit, die das Innere einer Walnuss auf den ersten Blick mit unserem Gehirn hat.

Und da der Kopf in Redewendungen häufig für den ganzen Menschen steht, tut es die Nuss auch. Wenn jemand eine «dumme Nuss» ist, dann ist er nicht nur in einem Teilbereich nicht besonders pfiffig, sondern insgesamt nicht besonders schlau.

Pomadig sein

Ein Pechvogel sein

Pi mal Daumen

Pingelig sein

Okay

O

Etwas auf der Pfanne haben

Passen müssen

Um den Pudding gehen

Jemandem oder etwas Paroli bieten

Mit jemandem Pferde stehlen können

Pantoffelheld

P

Pesen

Jemandem den Schwarzen Peter zuschieben

Etwas in petto haben

Über den großen Onkel gehen

Q

Paparazzi

Quitt sein

Ein Quäntchen Glück

Aus dem Quark kommen

Plätzchen und Kekse

Okay

«Okay» sagt man, wenn man seine Zustimmung ausdrücken will, wenn etwas in Ordnung ist, häufig auch, wenn jemand gesund oder fit ist.

Das Kürzel «okay» – oder «o. k.» – ist rekordverdächtig: Für keine andere Formulierung gibt es so viele Erklärungen und Herleitungen. Im Fall von «okay» sind es über 30 Theorien, die durchs Internet oder verschiedene Bücher geistern. Mal soll es ein US-amerikanischer Offizier gewesen sein, mal der siebte Präsident der USA, Andrew Jackson, der den Ausdruck *«all correct»* fälschlicherweise mit «o» und «k» abkürzte, sodass die Abkürzung «o. k.» entstand. Es gibt aber auch Herleitungen aus dem Französischen, dem Finnischen, dem Griechischen sowie dem Dialekt afrikanischer Sklaven. Eine sehr beliebte Erklärung geht auf einen gewissen Otto Kaiser zurück, der bei Ford in Detroit für die Qualitätskontrolle zuständig war und mängelfreie Autos mit seinen Initialen O. K. gekennzeichnet haben soll.

So unterhaltsam und schön das alles klingt – bewiesen ist keine dieser vielen Theorien. Die wahre Herkunft von «okay» bleibt im Dunkeln, und man kann nur dem legendären Marcel Reich-Ranicki zustimmen, der seine Literatursendungen im Fernsehen immer mit einem leicht abgewandelten Zitat von Bertolt Brecht beendete: «Wir sehen betroffen den Vorhang zu und alle Fragen offen.»

Über den großen Onkel gehen

Wer «über den großen Onkel» geht beziehungsweise läuft, dessen Füße zeigen beim Gehen nach innen.

Im 17. und 18. Jahrhundert sind Unmengen von französischen Wörtern in die deutsche Sprache übernommen und dann teilweise eingedeutscht worden. Aus dieser Zeit stammen unter anderem das Negligé, das Ragout, das Frikassee, die Promenade und das Portemonnaie.

Und hier liegt auch der Ursprung des großen Onkels. Damit war nämlich kein großwüchsiger Mensch aus der näheren Verwandtschaft gemeint, sondern schlicht und einfach der Fußnagel, der auf Französisch *«ongle»* heißt. Im Deutschen ist daraus der Onkel geworden. Und weil der größte Fußnagel auf dem großen Zeh sitzt, heißt der seitdem «großer Onkel».

Pantoffelheld

Ein «Pantoffelheld» ist ein Mann, der sich von seiner Frau unterdrücken und beherrschen lässt und seine eigenen Interessen nicht durchsetzen kann.

Pantoffeln werden heute, wenn überhaupt, von beiden Geschlechtern getragen. Das war früher anders, als die traditionelle Arbeitsteilung zwischen den Geschlechtern die Frau ans Haus gebunden hat. Damals galt der Pantoffel als ein Zeichen der Hausfrau und war vorzugsweise ein weibliches Kleidungsstück. Darüber hinaus waren Füße und Schuhe jahrhundertelang Symbole der Macht und der Herrschaft. Auf was man mit dem Fuß trat, das war einem untertan.

So erklärt sich auch ein früher weitverbreiteter Hochzeitsbrauch: Unmittelbar nach der Zeremonie versuchten beide Partner, dem jeweils anderen zuerst auf den Fuß zu treten. Dem Gewinner sagte der Volksglaube die lebenslange Vorherrschaft über den Ehepartner voraus. Und falls die Braut gewonnen hatte, drohte dem Bräutigam ein übles Schicksal: Er konnte vielleicht ein Held werden - aber nur unter dem Pantoffel seiner Frau.

Paparazzi

«Paparazzi» sind Pressefotografen, die Prominenten in aufdringlicher Weise auflauern und im Allgemeinen für Boulevardmedien tätig sind. Sie arbeiten oft in einer rechtlichen Grauzone, weswegen ihre Tätigkeit durchaus umstritten ist.

Im Jahr 1960 kam ein heute legendärer Film in die Kinos: Fellinis *La dolce vita*, zu Deutsch *Das süße Leben*. (Und auch diese beiden Formulierungen sind inzwischen in die Alltagssprache eingegangen.) In den Hauptrollen waren Marcello Mastroianni und Anita Ekberg zu sehen, geschildert wurde das Leben der römischen High Society in den 1950ern. Und in diesem Kultfilm gab es einen aufdringlichen Pressefotografen, der allen heutigen Paparrazi ihren Namen verlieh und gewissermaßen ihr Vorbild wurde. Er trug den klangvollen Namen Coriolano Paparazzo.

Jemandem oder etwas Paroli bieten

Wenn man «Paroli bietet», leistet man Widerstand, vereitelt die Pläne eines Gegners und wehrt sich auf mindestens gleichem Niveau.

Der legendäre Fußballspieler Horst Hrubesch hat sich auch mal dieser Redewendung bedient und ist dabei grandios gescheitert. Er wollte das gerade beendete schlechte Spiel noch einmal in Ruhe analysieren und resümierte: «Wir müssen das alles noch mal Paroli laufen lassen.» Ein Ding der Unmöglichkeit, denn Paroli kann nicht laufen, Paroli kann man nur bieten. Das liegt daran, dass «Paroli» ein Begriff aus dem Kartenspiel *Pharo* ist, das im 18. und 19. Jahrhundert in ganz Europa sehr beliebt war.

Die Siegkarte eines Spielers bekam nach der Partie einen Knick, ein Eselsohr, verpasst, als Zeichen, dass er den damit erzielten bisherigen Gewinn erneut setzen wollte. Gelang es ihm, mit dieser sogenannten Paroli-Karte den zweiten Sieg in Folge einzufahren, dann bekam er dafür den dreifachen Einsatz ausgezahlt. Er hatte die anderen Spieler besiegt und ausgetrickst, indem er ihnen Paroli geboten hatte.

Passen müssen

Wenn etwas passt, ist das zunächst einmal eine erfreuliche Sache, dann ist es richtig und in Ordnung. «Ich muss passen» sagt man aber, wenn man ein Vorhaben aufgibt, wenn man eine Aufgabe nicht bewältigen oder eine Frage nicht beantworten kann.

Die Redewendung hat ihren Ursprung im lateinischen Verb «*passare*», das später in viele romanische Sprachen und schließlich auch ins Deutsche eingegangen ist. «*Passare*» bedeutet «an etwas vorbeigehen» oder auch «etwas an sich selbst vorbeiziehen lassen». Noch heute sind Menschen, die auf der Straße vorbeigehen, Passanten. Ebenso heißt im Englischen «*to pass*» vorbeigehen. Und der Reisepass sorgt dafür, dass man eine Grenze «passieren» kann.

Die Formulierung ist schließlich in die Sprache der Kartenspieler übernommen worden. Wer hier passen muss, lässt die Chance auf einen Gewinn vorbeiziehen. Von dort ist das «passen müssen» dann in die Alltagssprache eingegangen, und heute gilt es in allen Lebensbereichen.

Ein Pechvogel sein

Ein «Pechvogel» ist ein Mensch, der kein Glück hat und immer wieder Missgeschicke erleidet.

Pech ist eine extrem zähe, schwarze Flüssigkeit, die entsteht, wenn man Erdöl, Kohle oder harzhaltige Hölzer destilliert. Früher hat man diese klebrige Masse unter anderem bei der Jagd auf Vögel verwendet. Auf Äste oder Zweige geschmiert, wurde sie zur Klebefalle für nichtsahnende Vögel, die sich darauf niederließen und dann nicht mehr loskamen: Pechvögel im wahrsten Sinne des Wortes.

Und Pech war nicht nur für Vögel eine unangenehme Substanz, die tiefdunkle Farbe und der strenge Geruch wurden ganz allgemein als sehr unangenehm empfunden, sodass wir heute noch über jemanden sagen, der ein Unglück erleidet: Er hat «Pech» gehabt.

Pesen

Wenn man «pest», ist man rasant unterwegs: Man rast, fährt schnell oder rennt.

Höchstwahrscheinlich ist das Wort aus dem Englischen ins Deutsche übernommen worden und hat sich dann im nordwestdeutschen Sprachraum verbreitet. *«To pace»* hat im Englischen viele verschiedene Bedeutungen, darunter «gehen», «schreiten» oder auch «auf und ab gehen». Als Hauptwort bezeichnet *«pace»* unter anderem die Geschwindigkeit eines Pferdes beim Rennen.

Wenn bei einem Autorennen eine gefährliche Situation entstanden ist, kommt das sogenannte Safety-Car zum Einsatz, auch Pace-Car genannt, um das Tempo aus dem Rennen zu nehmen. Und so kommt es zu einer paradoxen Situation: Ist das Pace-Car auf der Strecke, dürfen die Formel-1-Piloten nicht mehr einfach so drauflospesen.

Jemandem den Schwarzen Peter zuschieben

Wer jemandem den «Schwarzen Peter zuschiebt», der wälzt ein unliebsames Problem, eine Schuld oder die Verantwortung auf diese andere Person ab, um sie selbst loszuwerden.

Im frühen 19. Jahrhundert lebte in Süddeutschland, in der Gegend um den Hunsrück, ein ziemlich übler Verbrecher namens Johann Peter Petri, ein Kumpel des legendären Kriminellen Schinderhannes. Dieser Peter Petri war wegen seiner Haarfarbe allgemein als der «Schwarze Peter» bekannt. 1811 wurde er zu einer lebenslänglichen Gefängnisstrafe verurteilt. Danach verliert sich seine Spur, wahrscheinlich ist er im Gefängnis gestorben.

Um 1830 ist dann ein Kartenspiel aufgetaucht und populär geworden, das höchstwahrscheinlich auf diesen Gangster zurückgeht: das Kartenspiel *Schwarzer Peter*, benannt nach der schlechtesten Spielkarte in diesem Spiel. Wer sie bei Spielende als letzte Karte auf der Hand hält, der hat verloren. Irgendjemand hat ihm den Schwarzen Peter zugeschoben.

Etwas in petto haben

Wer etwas «in petto» hat, der hat etwas zur Verfügung, auf Lager oder geplant, was er aber noch zurückhält. Er hegt Pläne, die er aber im Allgemeinen noch nicht offengelegt hat und geheim hält.

Im Mittelalter hat man das Herz als Sitz der Gedanken und Gefühle angesehen, und häufig wurde diese Vorstellung auf den gesamten Brustraum übertragen. Hier liegt der Ursprung für diese

Redewendung. Sie geht auf das lateinische *«in pectorale»* zurück, was «in der Brust», «nicht ausgesprochen», «verschlossen», «geheim» bedeutet. Daraus ist im Italienischen *«in petto»* geworden und von da im 18. Jahrhundert ins Deutsche übernommen worden.

Das, was man in petto hat, das bewahrt man also als Geheimnis in seiner Brust und hat es noch nicht rausgelassen. Wenn zum Beispiel in der katholischen Kirche der Papst jemanden zum Kardinal erhebt, den Namen aber noch nicht verrät, dann spricht man ganz offiziell von einem «Kardinal in petto».

Etwas auf der Pfanne haben

Wer «etwas auf der Pfanne hat», der ist in einem bestimmten Bereich besonders leistungsfähig oder leistungsbereit. Manchmal meint man mit der Redewendung auch, dass jemand einen geheimen Plan für irgendein Vorhaben ausgearbeitet hat.

Bis ins 19. Jahrhundert wurde mit sogenannten Steinschlossgewehren geschossen. Mit Schlagbolzen und Feuerstein wurden Funken erzeugt, die dann das Schießpulver entzündet haben. Dieses Pulver hat man in eine kleine Mulde des Auslösemechanismus des Gewehres gestreut. Und diese Mulde nannte man Pfanne.

Wer also kein Schießpulver auf der Pfanne hatte, konnte nicht schießen. Wer aber was auf der Pfanne hatte, der war gut vorbereitet und konnte sofort losballern.

Mit jemandem Pferde stehlen können

Eine Person «mit der man Pferde stehlen kann», ist jemand, auf den man sich absolut sicher verlassen kann und der einem auch in den schwierigsten Situationen zuverlässig zur Seite steht.

Pferdediebstahl war schon immer ein gewagtes Unterfangen. Die Diebe mussten geschickt vorgehen, gut kooperieren und über die nötigen Transportmöglichkeiten verfügen, denn ein solches Vorhaben war logistisch komplizierter, als einen Sack mit Geld oder ein paar Goldbarren zu klauen. Vor allem aber waren Pferde früher die wertvollsten Arbeitstiere der Menschen. Dementsprechend wurde Pferdediebstahl auch sehr hart bestraft, im Mittelalter häufig sogar mit dem Tod. Deshalb mussten Pferdediebe besonders mutig sein und einander absolut vertrauen können.

Pi mal Daumen

«Pi mal Daumen» bedeutet «grob geschätzt», «ungefähr», «in etwa».

Fangen wir mit dem Daumen an: Der wurde früher vor allem beim Militär als Hilfsmittel beim Abschätzen von Entfernungen eingesetzt. Das Ergebnis, wenn man über den Daumen peilte, war natürlich immer nur ungefähr, ungenau.

Ganz anders sieht es bei der Zahl «Pi» aus. Pi ist eine mathematische Konstante, mit deren Hilfe man in der Geometrie das Verhältnis des Umfangs eines Kreises zu seinem Durchmesser beschreibt. Pi beträgt immer 3,14159 – inklusive einer unendlichen Anzahl weiterer Stellen – ist also eine klar definierte Größe.

Welcher Spaßvogel wann und wo die ironische Spaßformel «Pi mal Daumen» erfunden hat, ist unbekannt, klar ist nur eins: Wenn man eine exakte Zahl mit dem Ergebnis einer groben Peilung multipliziert, kann nur eine entsprechend schlampige, ungenaue Schätzung dabei rauskommen.

Pingelig sein

Wenn wir einen Menschen als «pingelig» bezeichnen, dann ist er übermäßig genau, übertrieben korrekt und geht anderen mit seiner Kleinlichkeit auf die Nerven.

Die sogenannten Blaufärber hatten früher die Aufgabe, zunächst einmal die blaue Farbe herzustellen und anschließend Kleidungsstücke damit blau einzufärben. Dazu brauchte man den Farbstoff Indigo, den man als Klumpen in einen großen Topf gab, wo er dann zerrieben wurde.

In dem Topf befanden sich drei Eisenkugeln, die ständig in Bewegung sein mussten, damit sich die wertvolle Farbe nicht an den Innenwänden festsetzen konnte. Deswegen wurde zusätzlich von außen ständig gegen den Topf geklopft, im Rheinland sagte man: Es wurde «gepingelt». Der Topf hieß entsprechend «Pingelpott». Dieses Klopfen musste sehr sorgfältig geschehen, man musste sehr korrekt und akkurat dabei vorgehen, mit anderen Worten, man musste sehr «pingelig sein».

Plätzchen und Kekse

Beide Wörter bezeichnen kleine, meist süße Gebäckstücke, wobei nicht überall ein Unterschied in der Bedeutung gemacht wird.

Plätzchen leiten sich höchstwahrscheinlich ab vom lateinischen «*placenta*» für Kuchen (wie das Wort «Plazenta», das den Mutterkuchen bei Säugetieren und Menschen bezeichnet).

Wenn man den gesamten deutschen Sprachraum betrachtet, kann man zwischen Keksen und Plätzchen keine klare Unterscheidung ausmachen, in Österreich etwa bezeichnen die beiden Begriffe dasselbe.

In Norddeutschland stellt sich die Situation etwas anders dar: Hier sind Plätzchen im Allgemeinen kleiner als zum Beispiel die berühmten Butterkekse aus Hannover. Die wiederum haben dafür gesorgt, dass das Wort Keks sich in ganz Deutschland durchgesetzt hat. 1889 wurde hier die *Hannoversche Cakesfabrik* gegründet, in Anlehnung an das englische Wort «*cake*» für Kuchen. Später sind die Cakes als Kekse eingedeutscht und 1911 dann zum ersten Mal ganz offiziell in den Duden aufgenommen worden.

Pomadig sein

Wer «pomadig» Sport betreibt oder sich in anderen Dingen «pomadig» verhält, zeigt weder Engagement noch Durchschlagskraft, er wirkt gelangweilt. Besonders häufig hört man die Formulierung in Fußballreportagen.

Sind Menschen mit Pomade, also Frisiercreme auf dem Kopf, zwangsläufig lahm und nicht engagiert bei der Sache? Natürlich nicht, man denke nur an den Moderator Michel Friedman, der nicht an Pomade für seine Frisur spart, aber trotzdem ein hitziger und temperamentvoller Mensch ist.

Zunächst einmal muss man feststellen, dass diese Redewendung in Mittel- und Ostdeutschland wesentlich häufiger vorkommt als im Westen. Und das liegt daran, dass sie ihre Wurzeln im Polnischen hat, nämlich in der Formulierung «*po malu*», was so viel bedeutet wie allmählich, nach und nach. Noch heute hört man im Osten die Redewendung «Der hat aber 'ne Pomade» im Sinne von «Der hat aber die Ruhe weg». Und genau so spielt der pomadige Fußballer: unbeteiligt, lahm, nachlässig – völlig unabhängig davon, wie seine Frisur aussieht.

Um den Pudding gehen

Wenn man «um den Pudding geht», dann macht man einen kleinen Spaziergang, man geht zum Beispiel einmal um den Häuserblock.

Wir wissen, dass diese Redewendung besonders in Bremen verbreitet ist, aber auch in Hamburg, Schleswig-Holstein und im nördlichen Niedersachsen vorkommt. Und das war's auch fast schon.

Es gibt Vermutungen, dass früher zum sonntäglichen Nachmittagskaffee gern ein leckerer Pudding serviert wurde, der aber vor dem Genuss noch eine Weile abkühlen musste. Deswegen hat man also oft noch einen kleinen Spaziergang gemacht, man ist also eben noch mal «um den Pudding» gegangen. Aber das ist nur die wahrscheinlich richtige, jedoch keineswegs gesicherte Herleitung.

Denn alle Fachleute, vom Staatsarchiv Bremen über die Gesellschaft für deutsche Sprache in Wiesbaden bis zur Gesellschaft für niederdeutsche Sprache in Bremen, mussten in diesem Fall passen und konnten diese Frage nicht abschließend beantworten. Selbst die großen Puddinghersteller in Deutschland haben mitrecherchiert, aber auch keine gesicherten Erkenntnisse gewinnen können.

Und somit muss auch Dr. Wort in diesem Fall eingestehen: Sorry, aber warum man um den Pudding geht, das lässt sich leider nicht endgültig klären …

Ein Quäntchen Glück

Ein «Quäntchen Glück» bedeutet so viel wie «ein bisschen Glück». Gemeint ist nicht das Riesenglück wie zum Beispiel bei einem großen Lottogewinn, sondern mehr das kleine Glück, das man in den alltäglichen Dingen findet.

Das Wort «Quäntchen» hört sich ja zunächst einmal an wie die Verkleinerungsform von Quant. Unweigerlich kommt einem die Quantenphysik in den Sinn, eine komplizierte Disziplin innerhalb der Physik. Und dann wären da noch der seltene deutsche Nachname Quante, der Glaube mancher Esoteriker an die Macht der Quantenheilung sowie all diejenigen, die ihre Füße als Quanten bezeichnen. Aber keins dieser Wörter erklärt das «Quäntchen Glück».

Das Quäntchen geht zurück auf eine alte deutsche Gewichtseinheit, und zwar das Quent. Es gibt unterschiedliche Angaben dazu, wie schwer ein Quent genau war, es dürfte sich aber um eine sehr kleine Maßeinheit im Grammbereich gehandelt haben. Ein Quäntchen entspricht demzufolge einer sehr kleinen Größe, im Sinne von «ein bisschen». Und so kann man nicht nur ein Quäntchen Glück haben, sondern zum Beispiel auch bei einer Speise noch ein Quäntchen Butter oder Salz hinzufügen.

Aus dem Quark kommen

Wenn jemand «aus dem Quark kommt», dann erledigt er eine schon länger anstehende Aufgabe, er überwindet seine Schlaffheit und Passivität, er wird aktiv und tut endlich was.

Unter «Quark» verstehen wir zunächst einmal das weitverbreitete, leckere und gesunde Milchprodukt, aber «Quark» hatte früher, schon im 16. Jahrhundert, eine zweite, negative Bedeutung. «Quark» war etwas Allgegenwärtiges, die Bezeichnung für etwas völlig Unwichtiges, Wertloses oder Nichtiges.

Noch heute sagen wir manchmal: «Jetzt red nicht so ’n Quark!», wenn jemand dummes Zeug erzählt. Und so wird auch die ursprüngliche Bedeutung der Aufforderung «Komm endlich aus dem Quark!» klar: «Befrei dich endlich aus deinen unwichtigen Kleinigkeiten und kümmere dich um das, was wirklich wichtig ist!»

Quitt sein

Man ist mit jemandem «quitt», wenn keine gegenseitigen Forderungen mehr im Raum stehen, vor allem wenn keine Schulden mehr bestehen, also ein Ausgleich stattgefunden hat.

Das Wort «quitt» ist über die französische Sprache ins Mittelhochdeutsche gekommen. Es geht zurück auf das lateinische «*quietus*», was so viel heißt wie friedlich, ruhig und frei von Störungen. Man findet dieses «*quietus*» noch heute im englischen «*quiet*» für «ruhig».

Vor diesem Hintergrund wird auch die eigentliche Bedeutung der deutschen Formulierung «wir sind quitt» klar: Zwischen uns ist alles ruhig und friedlich, keiner von uns hat noch Forderungen an den anderen. Und zum Beweis zeige ich dir gern auch die Quittung.

R

Von der Rolle sein

Jemandem in den Rücken fallen

Rabeneltern

Spam-Mail

Eine Standpauke halten

Sündenbock

Jemanden auf die Schippe nehmen

Schlawiner

Jemandem fällt ein Stein vom Herzen

Spitzname

Sauer macht lustig

Schlitzohr

Schabracke

Etwas spitzkriegen

Satansbraten

Saftladen

S

Sich scheckig lachen

Jemandem die kalte Schulter zeigen

So wird ein Schuh draus

Jemanden im Stich lassen

Splitternackt

Jemandem ein Schnippchen schlagen

Wie am Schnürchen

Schwein gehabt

Scherereien haben

Einen Spleen haben

Jemandem eine Strafe aufbrummen

Jemanden zur Strecke bringen

Rabeneltern

«Rabeneltern» behandeln ihre Nachkommen schlecht oder vernachlässigen sie. Es gibt sie nicht nur im Doppelpack, sondern auch in Einzelausführung als «Rabenvater» und «Rabenmutter».

Wie die meisten Vögel sind auch Raben vorbildliche Eltern, die ihre Jungen absolut zuverlässig pflegen. Aber ihr schwarzes Gefieder lässt sie nun einmal unheimlich wirken, sie krächzen fies und sind darüber hinaus auch noch Aasfresser. So haben sie seit Jahrhunderten ein schlechtes Image im Volksglauben: Im Mittelalter galt der Rabe sogar als Galgenvogel und Todessymbol, sodass man ihm alle möglichen schlechten Eigenschaften angedichtet hat.

Die Redewendung ist in Deutschland schon im 16. Jahrhundert verwendet worden, das Bild von den Rabeneltern taucht aber auch schon viel früher auf, zum Beispiel an einigen Stellen in der Bibel – wenn auch ohne eine eindeutig negative Symbolik.

Die Natur zeigt uns jedenfalls ein Bild, nach dem die Bezeichnung «Rabeneltern» eigentlich ein Lob sein müsste.

Von der Rolle sein

Wer «von der Rolle» ist, der ist irgendwie nicht gut drauf, verwirrt, unkonzentriert oder auch völlig erschöpft.

Diese Formulierung hat einen eher ungewöhnlichen Ursprung: Sie kommt aus dem Radsport, genauer gesagt von den sogenannten Steherrennen, bei denen die Radfahrer im Windschatten eines Motorrads in hoher Geschwindigkeit lange Distanzen von bis zu 100 km zurücklegen.

Hinten am vorausfahrenden Motorrad ist eine breite kugelgelagerte Rolle als Abstandshalter angebracht. Zwar sollte der Radrennfahrer den direkten Kontakt mit dieser Rolle aus Sicherheitsgründen unter allen Umständen vermeiden, gleichzeitig gilt es aber, möglichst nah an der Rolle zu bleiben, um vom größtmöglichen Effekt des Windschattens profitieren zu können. Wird die Entfernung zu groß, ist der Rennfahrer «von der Rolle» und das Rennen für ihn so gut wie gelaufen.

Jemandem in den Rücken fallen

Wenn man «jemandem in den Rücken fällt», dann greift man ihn auf hinterhältige und unfaire Weise an, obwohl man sich vorher nicht als Gegner, sondern als Verbündeter gezeigt hat.

Normalerweise sprechen wir vom «fallen», wenn etwas durch die Wirkung der Schwerkraft herabfällt.

Die Kombination «anfallen» kann im Deutschen sehr viele verschiedene Bedeutungen haben. So können Kosten anfallen, das heißt, sie entstehen. Außerdem können Gefühle wie etwa Heimweh einen anfallen, also überkommen. Und wenn ein Hund einen Menschen anfällt, dann greift er ihn an. Das ist auch die Bedeutung, die bei der Redewendung mit dem Rücken eine Rolle spielt: Der Angreifer stellt sich dem Gegner nicht von vorn, sondern überrascht ihn von hinten, er fällt ihn an, und zwar fieserweise im Rücken.

Saftladen

«Saftladen» ist eine abfällige und abwertende Bezeichnung für ein Restaurant, ein Geschäft oder eine Behörde, mit deren Service man unzufrieden ist.

Der Begriff ist im 19. Jahrhundert im Raum Berlin aufgetaucht und war am Anfang die scherzhaft gemeinte Bezeichnung für Apotheken mit ihren vielen Wässerchen und Tinkturen.

Vor rund 100 Jahren wurde das Wort dann übertragen auf Kneipen, Spelunken und Bars, oft auch auf welche mit richtig schlechtem Image.

Und davon ausgehend, hat sich die Bedeutung dann nochmal erweitert: Saftladen ist heute ein Schimpfwort für alle möglichen Betriebe, die einem nicht gefallen und auf deren Betreiber man sauer ist.

Satansbraten

Als «Satansbraten» wird ein Mensch bezeichnet, der durchtrieben ist, sich unmoralisch sowie hinterhältig verhält und anderen dadurch schadet. Seit einiger Zeit wird der Ausdruck immer häufiger auch auf Frauen mit moralisch zweifelhaftem Verhalten angewendet, die man umgangssprachlich auch als «Luder» bezeichnet.

Im mittelalterlichen Denken war der Teufel eine ständige Bedrohung der Menschen. Und wer sich sündhaft verhielt, dem wurde bekanntlich ein wenig angenehmer Aufenthalt in der Hölle prophezeit. Manchmal hört man ja auch die Formulierung, dass jemand «in der Hölle schmort». Und mit dem Schmoren sind wir auch schon recht nah am Gebratenwerden – und es wird klar: Die Menschen wurden nicht nur irgendwie gequält und gepeinigt, sondern von Satan regelrecht verzehrfertig hergerichtet. Und wo fand das ganze statt? Völlig klar: in Teufels Küche.

Sauer macht lustig

Heutzutage steht hinter dem Spruch die Annahme, dass der Genuss saurer Speisen oder Süßigkeiten die gute Laune fördert.

Diese Formulierung ist seit rund 300 Jahren bekannt, aber sie lautete ursprünglich ein wenig anders und hatte auch eine andere Bedeutung. Ursprünglich hieß es «sauer macht gelüstig», und zwar gelüstig nach leckeren Speisen. Sie hatte also die Bedeutung von «Saures essen macht Appetit». Dieses «gelüstig» wurde dann sinnentstellend zu lustig umgewandelt, sodass das Sprichwort heute nicht mehr vom Hunger handelt, sondern vom Spaßfaktor.

Als in den 1980er Jahren der saure Regen und das befürchtete Waldsterben große Themen waren, ist eine ironische Ergänzung hinzugekommen und auch sehr bekannt geworden: «Sauer macht lustig, da hat sogar der deutsche Wald was zu lachen.»

Schabracke

Mit diesem Wort bezeichnet man eine unansehnliche Sache, häufig ist damit eine alte, wenig attraktive Frau gemeint.

Das Wort «*czaprak*» gibt es leicht abgewandelt in vielen Ländern, unter anderem in Polen, Ungarn und in der Türkei – und überall ist damit eine Decke gemeint, die beim Reiten auf dem Pferderücken liegt und als Sattelunterlage dient.

Manche Tierarten, die markante Rückenzeichnungen zeigen, sind so zu ihrem Namen gekommen. Es gibt zum Beispiel einen Schabrackentapir und eine Schabrackenhyäne. Schabracken gibt es außerdem im Bereich der Fensterdekoration oder als Bügeleinlagen zur Versteifung von Hüten und Taschen.

Die ursprüngliche Schabracke, die Pferdedecke, war auf jeden Fall alles andere als ein sauber gebügeltes, gepflegtes Stoffteil, sondern konnte schon mal verbraucht und schäbig aussehen – und in dieser Bedeutung ist sie in der deutschen Alltagssprache populär geworden.

Sich scheckig lachen

Man «lacht sich scheckig», wenn man herzhaft lacht, wenn das Lachen besonders heftig und intensiv ist.

Höchstwahrscheinlich stammt diese Formulierung aus einem eher humorfreien Umfeld: Im Altfranzösischen gab es früher die Bezeichnung «*eschiec*», mit der das Schachspiel benannt wurde. Ungefähr im 13. Jahrhundert ist es dann in die deutsche Sprache übernommen und langsam zum Eigenschaftswort «scheckig» geworden. Scheckig war etwas, was wie ein Schachbrett aussah, also gewürfelt, kariert, im übertragenen Sinne aber auch gefleckt oder bunt war.

Wenn man einen heftigen Lachanfall hat, dann sieht der Kopf zwar nicht aus wie ein Schachbrett, aber durch den plötzlichen Blutandrang zum Kopf entstehen dann schon mal rote Flecken im Gesicht, man hat sich schlicht scheckig gelacht.

Scherereien haben

Wer «Scherereien hat», der schlägt sich mit unangenehmen Schwierigkeiten wegen etwas herum. Er muss langwierige, lästige Pflichten oder Formalitäten erledigen. Häufig hat man diese Probleme bei Behörden und Ämtern.

In früheren Jahrhunderten ist es kein Vergnügen gewesen, sich vom Barbier die Haare oder den Bart schneiden zu lassen. Die Techniken und die Gerätschaften waren noch primitiv und die Barbiere zudem oft zwielichtige Gestalten, die versucht haben, ihre Kunden zu betrügen.

Das komplette Scheren des Kopfes bei Menschen stellte außerdem im Mittelalter eine Strafe dar, durch die der Verurteilte seine bürgerlichen Ehrenrechte und sein gesellschaftliches Ansehen verlor.

Auch die Schur der Schafe war ein brutales Geschäft und für die Tiere alles andere als angenehm. Alles, was mit scheren und geschoren werden zu tun hatte, war also unangenehm und lästig – und deswegen nennen wir Dinge, die uns auf den Keks gehen, noch heute Scherereien.

Jemanden auf die Schippe nehmen

Man «nimmt jemanden auf die Schippe», wenn man ihm Unsinn erzählt, sich über ihn lustig macht, ihn vorführt. Diese Art von Veralberung ist im Allgemeinen relativ harmlos und nicht böse gemeint.

Diese Redewendung ist eine sehr bildhafte: Man nimmt jemanden symbolisch auf eine Schaufel, eine Schippe, und hebt ihn damit hoch. Sie ist eng verwandt mit zwei anderen Formulierungen, nämlich «jemanden auf den Arm nehmen» und «jemanden hochnehmen».

Wenn ich jemanden im wirklichen Leben auf den Arm nehme, dann kann es sich nur um ein kleines Kind handeln, und hier liegt der Ursprung für alle drei Redewendungen: Dieses Hochnehmen ist zwar in der Regel eine liebevolle, freundliche Aktion, aber ich behandele den entsprechenden Menschen wie ein Kind, über das ich mich ohne weiteres lustig machen kann, egal, ob ich es nur hochhalte, auf den Arm nehme oder eben auf die Schippe setze und dann hochhebe.

Schlawiner

Ein «Schlawiner» ist ein schlauer, listiger, besonders pfiffiger Mensch. Er geht meistens sehr trickreich vor. Die Bezeichnung kann sowohl abwertend als auch augenzwinkernd anerkennend gemeint sein. Schlawiner ist gleichbedeutend mit Schlingel oder Schlitzohr.

Fahrende Händler und Hausierer, die an die Haustür kamen, sind den Menschen immer schon verdächtig vorgekommen, man befürchtete, von ihnen übers Ohr gehauen und betrogen zu werden.

Besonders unbeliebt waren bei vielen Deutschen früher vor allem Osteuropäer im Allgemeinen und Händler aus Slowenien im Besonderen, sie galten als besonders üble Trickser. «Du bist ein Slowene» wurde so zu einer allgemeinen Beschimpfung, aus der sich dann – lautmalerisch – so klangvolle Bezeichnungen wie «Schlawak(e)», «Schlawuzi» oder eben «Schlawiner» entwickelten.

Schlitzohr

Als «Schlitzohr» oder «schlitzohrig» gilt ein Mensch, der besonders listig ist, trickreich handelt und sich durch extreme Pfiffigkeit und Raffinesse auszeichnet.

Im Mittelalter und in der frühen Neuzeit gab es eine Strafe, die bei unkorrekt oder kriminell arbeitenden Handwerkern angewendet wurde: Die Betreffenden wurden aus der Zunft ausgeschlossen, und der Ohrring, der das Kennzeichen der jeweiligen Zunft war, wurde ihnen ausgerissen, was in der Regel unschöne Schlitze in den Ohrläppchen zur Folge hatte. Im 19. Jahrhundert ist es dann üblich geworden, betrügerische Trickser ganz allgemein so zu titulieren. Auch wenn ihre Ohren absolut intakt sind, gelten sie seitdem als Schlitzohren.

Jemandem ein Schnippchen schlagen

Wenn man «jemandem ein Schnippchen geschlagen» hat, dann hat man ihn überlistet oder ausgetrickst, der Gegner ist auf jeden Fall der Dumme.

Wenn man den Mittel- oder Ringfinger kräftig an den Daumen drückt und dann abrutschen lässt, ist das Ergebnis ein typisches Schnippgeräusch, hervorgerufen durch das sogenannte «Fingerschnippen» oder auch «Fingerschnippsen».

Dieses Geräusch, vor allem aber die dabei vollzogene Bewegung, war vor 400 Jahren eine klare Geste der Geringschätzung und Missachtung. Wenn man sie bei einer Auseinandersetzung seinem Gegner gegenüber gemacht hat, dann hat man ihm zu verstehen gegeben, wie wenig man von ihm hält, nach dem Motto: «Du bist für mich kein ernstzunehmender Gegner, ich habe dich locker im Griff, genauso locker, wie ich dieses Geräusch erzeuge.» Die verächtliche Geste ist mitsamt ihrer Bedeutung seit langem ausgestorben – aber es ist wie so oft: In der Redewendung hat sie als Schnippchen überlebt.

Wie am Schnürchen

Diese Redewendung bedeutet, dass ein Vorhaben reibungslos klappt und alles ohne Probleme funktioniert.

Die Sprachforscher sind sich in diesem Fall absolut nicht einig. Unzählige Theorien wurden zu der Frage aufgestellt, um welche Schnürchen es sich in diesem Fall handeln könnte. Eine von ihnen besagt, dass es ursprünglich die Schnürchen waren, auf denen beim Rosenkranz die Perlen aufgereiht sind. Ohne Aufwand, quasi nebenbei und völlig reibungslos, gleiten die Perlen dieser Gebetskette durch die Finger, wenn der Gläubige betet.

Mindestens genauso wahrscheinlich ist eine zweite Erklärung, nach der es die Schnüre von Puppenspielern sind, auf welche die Redensart zurückgeht. Mit Hilfe dieser Schnüre werden die Marionetten nach dem Willen des Puppenspielers bewegt. Sie tun genau das, was er will, sodass seine Vorführung perfekt klappt, eben «wie am Schnürchen».

So wird ein Schuh draus

Die Redensart bedeutet, dass jemand ein völlig falsches Vorgehen gewählt hat oder dass das Gegenteil von einer Behauptung zutrifft.

Schon im Mittelalter trugen die Bürger in den Städten Lederschuhe, und zwar sogenannte Wendeschuhe. Die hießen so, weil der Schuhmacher zunächst einmal die passenden Lederstücke aneinandergenäht hat, sodass die Nähte sich auf der Rückseite des Leders befanden. In der Sprache der Fachleute wurden die Schuhe «auf links» genäht. Bevor er fertig war, musste jeder Schuh dann gewendet, also quasi umgestülpt werden. Die Nähte waren dann im Inneren verborgen, und die glatte Lederseite lag nun außen.

Erst umgestülpt, also andersrum, ist aus dem schlichten Lederobjekt wirklich ein smarter mittelalterlicher Schuh geworden.

Jemandem die kalte Schulter zeigen

Wenn man «jemandem die kalte Schulter zeigt», dann verhält man sich abweisend und ignoriert ihn, man zeigt deutlich sein Desinteresse an diesem Menschen.

Die Formulierung entstammt höchstwahrscheinlich dem spanischen Hofzeremoniell. Etwa ab dem 17. Jahrhundert trugen die Damen am Hof zunehmend ausladende Röcke, unter denen starre, gespreizte Unterröcke für die gewünschte Form sorgten. Im Grunde bewegten sich die Frauen in einem Gestänge aus Holz oder Draht, das sich unter ihrem Rock befand. Dieser sogenannte Reifrock verhinderte, dass die Herren den Damen bei der Begrüßung zu nah kommen konnten, und hielt sie auf Distanz.

Um Interesse an einem Mann zu zeigen, drehte ihm die Frau deshalb die rechte Schulter zu und streckte ihm die Hand entgegen, damit er einen Handkuss andeuten konnte. Wollte die Dame allerdings nichts von ihm wissen, drehte sie demonstrativ die linke Schulter nach vorn und ging. Und diese linke Schulter, das ist die abweisende, die emotionslose, die «kalte Schulter».

Schwein gehabt

Hat jemand «Schwein gehabt», dann hatte er Glück, meist unverhofft oder unverdient.

Schweine spielen in unserer Symbolik eine merkwürdige Rolle: Wenn man jemanden beschimpft, sagt man zum Beispiel «dummes Schwein» oder «blöde Sau» zu ihm. Aber Schweine sind seit vielen Jahrhunderten auch Symbole für Erfolg und Glück, sei es als Sparschwein, sei es bei den Spielkarten, deren Ass früher auch Sau hieß, oder als niedliches Marzipanferkel.

Der Grund dafür: Wer früher ein Schwein besaß, war gut auf eventuelle Notzeiten vorbereitet, denn Schweine waren (und sind) wichtige Fleisch- und Fettlieferanten. Wenn man also Nahrungsengpässe überlebt hat, dann manchmal nur, weil man (ein) «Schwein gehabt» hatte.

Spam-Mail

«Spam-Mails» sind massenhaft versendete unerwünschte Werbemails, mit denen Inhaber einer E-Mail-Adresse überschwemmt werden und die deswegen viele als Ärgernis empfinden.

Das Wort «Spam» ist ursprünglich eine Abkürzung für *Spiced Ham* (gewürzter Schinken) und der Markenname für ein weitverbreitetes günstiges Dosenfleisch, das seit 1937 unter diesem Namen vertrieben wird.

Richtig populär ist das Wort allerdings erst später durch die britische Komikertruppe *Monty Python* geworden. In einem ihrer Sketche werden in einem Restaurant ausschließlich Gerichte mit Spam® serviert. Egal was man bestellt, auf dem Teller befindet sich immer dieses weder besonders edle noch hochwertige Dosenfleisch. 132-mal fällt das Wort «Spam» in dieser Szene und wurde so zum Symbol für unerwünschte Dinge, denen man unter keinen Umständen entgehen kann. Und so kam dann auch das Wort «Spam» zu seiner heutigen Bedeutung: unerwünschter Mist, den man täglich auf seinem Computer vorfindet.

Etwas spitzkriegen

Wer etwas «spitzkriegt», der entdeckt etwas Verborgenes, findet etwas Vertrauliches heraus oder lüftet ein Geheimnis.

Das Wort «spitz» taucht in unzähligen Redewendungen und Zusammenhängen in unserer Umgangssprache auf: Man kann etwas «auf die Spitze treiben», ein Sachverhalt kann sich «zuspitzen», oder man kann eine «spitze Bemerkung» machen.

«Spitz» ist außerdem auch die Bezeichnung für einige Hunderassen, von denen manche früher im gesamten deutschen Sprachraum weit verbreitet waren. Spitze gelten bis heute als extrem aufmerksam, pfiffig und wachsam.

Als der österreichische Außenminister und spätere Staatskanzler Fürst Metternich im frühen 19. Jahrhunderts seinen Kampf gegen die Opposition organisierte, wurden unzählige Agenten und Spione angeheuert, um an Informationen über politische Gegner zu gelangen. Schon bald hießen diese Agenten im Wiener Volksmund nach den aufmerksamen kleinen Hunden «kleine Spitze», auf Österreichisch «Spitzel». Und wenn diese «Spitzel» etwas Geheimes zutage förderten, dann hatten sie es «spitzgekriegt».

Spitzname

«Spitznamen» sind entweder Kosenamen, die Verliebte einander gern geben, oder mehr oder weniger spöttische Beinamen, die einem Menschen oft aufgrund körperlicher Auffälligkeiten oder anderer Eigenschaften verliehen werden.

«Spitz» ist im Deutschen ein Wort mit vielen verschiedenen Bedeutungen. Einmal beschreibt es, dass ein Gegenstand zugespitzt, eckig oder kantig ist. Aber auch ein schriller Schrei kann spitz sein und ein sexuell erregter Mensch ist manchmal spitz wie Lumpi (siehe «Spitz wie [Nachbars] Lumpi sein», S. 113).

Darüber hinaus kann eine ironische Bemerkung ebenfalls spitz sein. Seit dem 17. Jahrhundert hat das Adjektiv «spitz» auch die Bedeutung von «spöttisch» und «abwertend», beschreibt also den Umstand, dass man sich über etwas oder jemanden lustig macht. Damals ist auch die Bezeichnung «Spitzname» entstanden, ursprünglich war es also ein Name, mit dem man jemanden verspottet und veralbert hat.

Einen Spleen haben

Wer «einen Spleen hat», der ist ein wenig schrullig, hat sonderbare Ideen, ist vielleicht ein Exzentriker, ohne aber völlig durchgeknallt oder gaga zu sein.

Dass Menschen «einen Spleen haben», ist sprachlich gesehen ein Import aus England. Das Wort *«spleen»* hat im Englischen viele Bedeutungen. Unter anderem bezeichnet es ein Organ, das unterhalb des Zwerchfells liegt, nämlich die Milz, und zwar in Anlehnung an sowohl den griechischen als auch den lateinischen Namen *«splen»*. (Wenn auch in der Medizin die zweite lateinische Bezeichnung *«lien»* gebräuchlicher ist.)

Außerdem bedeutet *«spleen»* aber auch «Wut», «Stimmung» oder «Verstimmung» sowie «schlechte Laune». Viele Jahrhunderte lang glaubten die Menschen, dass hier, in der Milz, verschiedene Launen und Stimmungen ihren Ursprung haben. Wenn jemand sich auffällig oder ungewöhnlich verhielt, glaubte man dementsprechend an eine Fehlfunktion der Milz. Und so entstand der Spruch: «Du hast einen Spleen», also wörtlich «Du hast eine Milz».

Splitternackt

«Splitternackt» ist man, wenn die letzte Hülle gefallen ist.

Splitternackt hat seinen Ursprung im Niederdeutschen. Aus dem 15. Jahrhundert ist ein Text überliefert, in dem Adam seine Eva im Paradies eingehend betrachtet und völlig zutreffend feststellt: «Ik sê, wy stân hir splitternaket.»

Höchstwahrscheinlich geht diese Formulierung nicht auf Splitter – welcher Art auch immer – zurück, sondern auf den Splint. Das ist ein Fasergewebe, das bei Bäumen zwischen der Rinde und dem eigentlichen Holzstamm liegt. Erst wenn zusätzlich zu der Rinde auch der Splint entfernt wurde, ist der Stamm völlig nackt. So existierte neben dem «splitternackt» lange Zeit auch das «splinternackt». Und weil der Splint, wie gesagt, ausgesprochen faserig aufgebaut ist, sagen wir manchmal auch, jemand ist splitterfasernackt.

Jemandem fällt ein Stein vom Herzen

Wem ein «Stein vom Herzen fällt», der ist erleichtert, er ist eine schwere Last los und kann wieder aufatmen.

Es mag schräg klingen, ist aber wahr: Im Mittelalter war es üblich, dass verurteilten Tätern als Strafe auferlegt wurde, irgendwelche Dinge eine bestimmte Strecke weit zu tragen. So mussten Bauern ein Pflugrad, Dienstboten einen Sattel und Adlige sogar Hunde bis über die Landesgrenze schleppen. Das Ganze war eine äußerst demütigende Prozedur, und manchmal wurde den Verurteilten danach die eigentliche Strafe erlassen.

Menschen, die über andere die Unwahrheit verbreitet oder sie öffentlich schlechtgemacht hatten, wurden mit dem Tragen des sogenannten Schandsteins oder Lastersteins bestraft. Im Grunde handelte es sich dabei nicht um einen Stein, sondern um eine Kette mit mehreren Steinen. Da baumelte einem also eine ganz erhebliche Last vom Hals und somit über dem Herzen. Und wenn man diese Last endlich wieder los war, dann ist einem tatsächlich ein Stein vom Herzen gefallen.

Eine Standpauke halten

Eine «Standpauke» ist eine heftige Zurechtweisung, eine harte Ermahnung, eine Strafpredigt.

Wenn ein Untergebener von seinem Vorgesetzten mal so richtig zusammengefaltet wird, ist es unvorstellbar, dass dieser dabei entspannt im Sessel sitzt. Richtige Strafpredigten werden auch heute noch von allen Beteiligten im Stehen absolviert, und auf historischen Abbildungen sieht man häufig beide, den Sünder und den Strafenden, im Stehen.

Der zweite Wortbestandteil der Standpauke stammt vom mittelhochdeutschen «püken», was so viel bedeutet wie auf etwas draufzuschlagen. So kam das Musikinstrument Pauke zu seinem Namen, aber auch Geistliche, die während einer eindringlichen Predigt auf die Brüstung ihrer Kanzel schlugen, haben gepükt, also gepaukt.

Und auch Lehrer haben ja schon immer mal eindringlich auf ihr Pult gehauen, wenn sie sauer waren, weswegen sie den schönen Ehrentitel «Pauker» verliehen bekamen.

Jemanden im Stich lassen

Wenn man jemandem in einer Notsituation nicht hilft, wenn man ihn seinem Schicksal überlässt, dann lässt man ihn «im Stich». Aber auch ein Auto oder Ähnliches kann mich «im Stich» lassen, wenn es unverhofft den Geist aufgibt.

Diese Redewendung ist seit dem 15. Jahrhundert bekannt. Sie geht auf die damals üblichen Turnierkämpfe zurück, in denen städtische Bürger die früheren Ritterturniere nachahmten. Wer dabei als Knappe seinen Gefährten allein ließ, setzte ihn großer Gefahr durch gegnerische Lanzen oder Schwerter aus, er ließ «im Stich».

Später hat sich der Begriff dann immer mehr verselbständigt. So setzte sich für Turniere ganz allgemein die Bezeichnung «Stechen» oder «Stich» durch, auch wenn längst nicht mehr mit Stichwaffen gekämpft wurde. Noch heute fallen im Pferdesport viele Entscheidungen erst im sogenannten Stechen. Und wenn man in einer Diskussion verbale Angriffe abwehren möchte, sind stichhaltige Argumente eine große Hilfe.

Jemanden zur Strecke bringen

Wer «jemanden zur Strecke bringt», der besiegt ihn, verhaftet ihn oder macht ihn total fertig.

Der Ursprung dieser Redewendung liegt in der Sprache der Jäger. Wenn eine große Jagd, eine sogenannte Gesellschaftsjagd, zu Ende ist, werden traditionell alle erlegten Tiere in einer festgelegten Ordnung in Reih und Glied ausgelegt, sodass jeder das

Ergebnis der Jagd überblicken kann. Diese im Anschluss an eine Jagd nach bestimmten Kriterien am Boden präsentierten Tiere nennt man in ihrer Gesamtheit «die Strecke».

Die Redewendung besagt also bildhaft, dass man einen Menschen symbolisch erlegt hat und ihn jetzt neben den ganzen toten Hasen, Rehen und Wildschweinen ablegt. Man hat ihn also «zur Strecke gebracht».

Jemandem eine Strafe aufbrummen

Wem «eine Strafe aufgebrummt» wird, der muss im Allgemeinen den Weg ins Gefängnis antreten. Und dort muss er sie dann «abbrummen». Es kann aber auch harmloser sein: Auch ein gelbgesperrter Fußballspieler muss seine Zeitstrafe «abbrummen» und eine Weile lang auf der Bank sitzen.

Mit gemütlichen Brummbären hat diese Redewendung nichts zu tun, dafür mit ganz anderen Tieren: In der alten deutschen Gaunersprache Rotwelsch gab es das Wort «Brummbajes» als Bezeichnung für einen Bienenstock. Weil die Honig-, Pollen- oder Brutwaben in einem Bienenstock entfernt an die wabenartig angeordneten Zellen in einem Gefängnis erinnern, war Brummbajes gleichzeitig die Bezeichnung für ein Gefängnis. Auch dort wurde im übertragenen Sinne wie bei den Bienen gebrummt.

In Schlesien ging man sprachlich noch einen Schritt weiter – wenn hier jemandem eine Gefängnisstrafe bevorstand, dann sagte man: Der wird demnächst nur noch Brummsuppe serviert bekommen.

Sündenbock

Wenn man jemanden zum «Sündenbock» macht, dann bestraft man ihn für etwas, wofür er nichts kann. Der Sündenbock muss die Schuld eines anderen übernehmen und an dessen Stelle dafür büßen.

Die Redensart geht auf einen uralten jüdischen Brauch zurück. An Jom Kippur, dem Versöhnungstag der Juden, wurden dem Hohepriester traditionell zwei Böcke als Sühneopfer für die Sünden des Volkes übergeben. Danach wurde per Los entschieden, welcher der beiden dem Herrn geopfert und welcher am Leben gelassen wurde – auch wenn dieses Überleben wahrscheinlich nicht lange angedauert haben dürfte, denn ihm wurden jetzt symbolisch die Sünden des Volkes aufgebürdet, um anschließend in die Wüste gejagt zu werden. Dort wurde er als Sündenbock seinem Schicksal überlassen.

T

In der Tinte sitzen oder stecken

Scher dich zum Teufel

Toi, toi, toi

Tschüs oder Tschüss

Iss deinen Teller leer, dann gibt's morgen schönes Wetter

Terz machen

Mit jemandem Tacheles reden

In trockenen Tüchern sein

Auf Teufel komm raus

Mit jemandem Tacheles reden

Wer «Tacheles redet», spricht die ungeschminkte Wahrheit aus und sagt die Dinge ohne Umschweife. Er ist sozusagen Mitglied im *Club für klare Aussprache* und kennt kein Pardon.

Man könnte vermuten, dass Tacheles eine Figur aus der griechischen Sagenwelt ist, die dafür bekannt war, die Dinge beim Namen zu nennen, sich also knallhart und unmissverständlich auszudrücken. So klingt die Redewendung jedenfalls … Aber diesen Herrn Tacheles hat es nie gegeben.

Das Wort geht vielmehr auf das hebräische «*tachlit*» zurück und bedeutet «Ziel» oder «Zweck». Von dort ist es ins Jiddische gewandert, hat sich dabei zu «tacheles» gewandelt und ist dann in die deutsche Alltagssprache eingegangen. Es ist also ein Gespräch gemeint, das klar und deutlich zielgerichtet ist.

«Mit jemandem Tacheles reden» ist heute noch eine sehr gebräuchliche Redewendung im Hochdeutschen, allerdings eher in den gehobenen sozialen Milieus, weniger in den sogenannten bildungsfernen Schichten.

Iss deinen Teller leer, dann gibt's morgen schönes Wetter

Mit diesem Spruch sollen Kinder dazu motiviert werden, wirklich alles aufzuessen.

Diese pädagogische Formel geht auf eine plattdeutsche Formulierung zurück: «Et dien Töller leddig, dann givt dat morgen goods wedder.» Als diese Lebensweisheit dann später ins Hochdeutsche übergegangen ist, hat sich ein Übersetzungsfehler eingeschlichen: Das «wedder» meinte im Original nicht das Wetter, sondern hieß «wieder». Der eigentliche Spruch bedeutet also: Iss deinen Teller leer, dann gibt es morgen Gutes wieder. Mit anderen Worten: Nur wer seinen Teller vollständig leer isst, bekommt tags drauf wieder etwas Leckeres serviert – und nicht die aufgewärmten Reste vom Vortag.

Terz machen

Wenn jemand «Terz macht», dann regt er sich extrem auf, macht viel Aufhebens um etwas, er zetert und schimpft.

Die Terz in ihrer weiblichen Form kennen wir alle noch aus dem Musikunterricht. Es ist ein Intervall von drei Tönen auf einer Tonleiter beziehungsweise der dritte Ton einer Tonleiter. *Der* Terz, den jemand macht, ist in seinem Ursprung nicht eindeutig geklärt.

Wen man allerdings mal im berühmten alten Wörterbuch der Gebrüder Grimm nachschlägt, stößt man auf drei interessante alte Bedeutungen, die der Terz zumindest damals hatte: Einmal war es ein bestimmter Hieb beim Fechten, dann ein Kunststoß beim Billard und außerdem noch die sogenannte Dreiblattfolge beim Kartenspiel, gemeint sind drei aufeinander folgende einfarbige Blätter.

Egal ob beim Fechten, Billard oder Kartenspiel: der Terz ist in allen drei Fällen ein Vorgang, der zumindest Aufmerksamkeit, wenn nicht sogar Aufsehen erregt, und es könnte gut sein, dass der Terz, den man macht, wenn man wütend ist, hier seinen Ursprung hat.

Scher dich zum Teufel

«Scher dich zum Teufel» ist eine wütende Aufforderung an jemanden, zu verschwinden.

Das Verb «scheren» hat im Deutschen drei Bedeutungen: Einmal kann man natürlich ein Schaf scheren, indem man ihm die Wolle abrasiert. Dann kann ein Fahrzeug, ein Auto oder ein Schiff seitlich ausscheren, also die Fahrtrichtung zur Seite hin ändern. Und drittens gab es schon im Althochdeutschen das Verb «sceron», das so viel bedeutete wie «ausgelassen sein», «herumspringen». Daraus ist später «schern» geworden und das hieß «schnell weglaufen». Und genau das ist die Bedeutung unseres heutigen Wortes «scheren» in dieser Redewendung: Hau schnell ab, und zwar dahin, wo du hingehörst, nämlich zum Teufel!

Auf Teufel komm raus

Wir tun etwas «auf Teufel komm raus», wenn wir ein Ziel unbedingt, um jeden Preis, auf jeden Fall erreichen wollen und mit aller Kraft an diesem Plan festhalten.

Der Teufel war früher im Volksglauben ein wirklich gefährlicher, finsterer Dämon, und man hat es möglichst vermieden, seinen Namen auszusprechen, denn dadurch hätte man ihn womöglich angelockt. Vor diesem Hintergrund war es natürlich ein absoluter Tabubruch, ihn nicht nur beim Namen zu nennen, sondern ihn auch noch zu rufen: «Teufel, komm raus aus deinem finsteren Loch!» Wer sich das getraut hat, dem war wirklich jedes Mittel recht, um ans Ziel zu gelangen, egal wie, auch auf die Gefahr hin, dass der Teufel höchstpersönlich dabei rauskam.

Toi, toi, toi

Der Ausruf «Toi, toi, toi!» bedeutet, dass man jemandem bei einer schwierigen oder unangenehmen Aufgabe Glück und Erfolg wünscht.

Der Volksaberglauben ist eine merkwürdige Sache: Früher hat man zum Beispiel geglaubt, dass man jemandem nie einfach mal so etwas Gutes wünschen durfte, weil auf diese Weise vielleicht böse Geister hätten neidisch werden können. Deshalb hat man einen Abwehrzauber angewendet, der das verhindern sollte. Eine wichtige Rolle spielte dabei wie so oft die magische Zahl «Drei». Man hat nach dem Wunsch dreimal auf Holz geklopft oder dreimal kräftig ausgespuckt. Eventuell ist das «Toi» aus dem nachgeahmten Geräusch des Spuckens entstanden, noch wahrscheinlicher ist aber, dass man als Abwehrzauber dreimal den Namen des Teufels ausgerufen beziehungsweise angedeutet hat, denn aussprechen durfte ein gläubiger Mensch den ja nun auch wieder nicht. So hat man sich auf die erste Silbe beschränkt, natürlich dreimal – toi, toi, toi!

In der Tinte sitzen oder stecken

Wer «in der Tinte sitzt» oder auch «in der Tinte steckt», der befindet sich in großen Schwierigkeiten und hat erhebliche Probleme.

Dunkle und schmuddelig aussehende Flüssigkeiten waren noch nie sehr beliebt im deutschen Sprachraum. Deshalb sind sie oft ein Symbol für Missgeschicke oder Pech. Das gilt für die Tinte genauso wie für die Patsche, also eine nasse Pfütze, in der man stecken kann. Und auch in Frankreich sitzt man in einer Flüssigkeit, wenn man Probleme hat: Die Redewendung heißt *«être dans la panade»*, man sitzt also in einer Brotsuppe. Genauso wie die Tinte kein wirklich angenehmer Aufenthaltsort …

Tschüs oder Tschüss

«Tschüs» war ursprünglich ein norddeutscher Abschiedsgruß, inzwischen wird das Wort aber in ganz Deutschland immer beliebter und verdrängt auf weiter Fläche die früher häufigste Abschiedsformel «auf Wiedersehen». Viele Sonderformen haben sich inzwischen gebildet, unter anderem «Tschüssi», «Tschüssing» oder «Tschö». In den 1980er Jahren war auch die Formulierung «Tschüssikowski» eine Zeitlang beliebt, die aber heute eher als stillos und veraltet gilt.

Ausgangspunkt für das heutige «Tschüs» ist ein alter lateinischer Gruß mit sehr religiösem Inhalt: *«Ad deum»*, was so viel bedeutet wie «mit Gott» oder «bei Gott». Dieses *«Ad deum»* ist dann in viele Sprachen übernommen und anschließend abgewandelt worden, etwa als «Ade» in Deutschland, «*Adieu*» in Frankreich oder «*Adiós*» in Spanien.

In den Niederlanden ist später aus dem spanischen «*Adiós*» der Gruß «*Atjüs*» beziehungsweise «*Atschüss*» geworden, und der wiederum hat sich dann in ganz Norddeutschland verbreitet und dabei weiter sprachlich abgeschliffen. Aus diesen Formen hat sich das knappe norddeutsche «Tschüs» entwickelt.

In trockenen Tüchern sein

Ein Vorgang ist «in trockenen Tüchern», wenn er erfolgreich abgeschlossen wurde. Es kann sich auch um ein Projekt oder einen Vertrag handeln. Häufig bedeutet die Redewendung auch, dass etwas in Sicherheit ist.

Es gibt keine eindeutige Antwort auf die Frage, wo diese «trockenen Tücher» herkommen. Klar ist nur, dass die Formulierung relativ neu und wahrscheinlich 1886 in einem Zeitungsartikel zum ersten Mal aufgetaucht ist.

Relativ oft hört man die Vermutung, dass die Redewendung darauf zurückgeht, dass Menschen, die in ein Unwetter geraten und völlig durchnässt sind, schnellstmöglich neue, trockene Kleidung anziehen sollten, um sich nicht zu erkälten.

Die häufigste Herleitung geht aber auf Säuglinge zurück. Die werden ja unmittelbar nach der Geburt in sauberen frischen Windeln quasi «trockengelegt». Dann haben sie das Schlimmste überstanden und sind in Sicherheit – in trockenen Tüchern.

V

Etwas verballhornen

Jemanden verhohnepipeln

In der Versenkung verschwinden

Verschollen sein

Jemanden veräppeln

Etwas auf Vordermann bringen

Sich verfranzen

Vaterland und Muttersprache

Vaterland und Muttersprache

«Vaterland» ist das eigene Herkunftsland oder das der Vorfahren (Vorväter). Die «Muttersprache» lernt man als Kleinkind von den Eltern.

Das deutsche Wort «Vaterland» ist schon seit dem 11. Jahrhundert gebräuchlich und bezeichnete ursprünglich das Land, das dem Vater gehörte und das man später erben sollte, um es zu bewirtschaften. Im Kriegsfall kämpfte man entsprechend um Vaters Land, und so wohnt diesem Wort bis heute ein sehr patriotischer Klang inne.

Das Erlernen der Sprache wiederum hatte mehr mit der Mutter zu tun. Mit ihr hatte das Baby den engsten Kontakt, von ihr und nicht vom Vater lernte es die ersten Wörter und damit die Grundlagen für die «Muttersprache».

Jemanden veräppeln

Wer jemanden «veräppelt», der verspottet oder veralbert ihn. Er führt ihn mit einem meist harmlosen Spaß vor.

Möglicherweise geht die Redewendung auf die jiddische Sprache zurück. Das Wort «*eppel*» hat hier die Bedeutung von «nichts». Wenn man «jemanden veräppelt», dann macht man ihn also damit symbolisch zum Nichts. Man «vernichtet» ihn gewissermaßen.

Wahrscheinlicher ist jedoch eine zweite Herleitung: Früher war es üblich, dass das Publikum, wenn ihm zum Beispiel eine

Theateraufführung nicht gefiel, die Schauspieler schon mal mit faulen Äpfeln beworfen hat, man hat sie «veräppelt».

Und es kamen durchaus nicht nur Äpfel zum Einsatz, sondern auch andere Obstsorten, und eine davon hat in einer weiteren Redewendung bis heute überlebt. Wenn ich jemandem mal so richtig die Meinung sage, dann wird dieser arme Mensch von mir nicht «veräppelt», sondern ordentlich «angepflaumt».

Etwas verballhornen

Wer etwas «verballhornt», der arbeitet an einer Sache, meistens an einem Text, mit der Absicht, ihn besser zu machen, ihn zu korrigieren. Er erreicht aber genau das Gegenteil, das Ergebnis ist schlechter als das Ausgangsmaterial. Wer etwas «verballhornt» hat, der hat es, wie man heute sagt, verschlimmbessert. Das Ergebnis nennt man Verballhornung.

Der Ausdruck geht zurück auf einen Buchdrucker namens Johann Ballhorn (in einer davon abweichenden Schreibweise auch Balhorn, also mit nur einem «l»), der im 16. Jahrhundert in Lübeck gelebt hat. 1586 hat er eine Neuauflage des Lübecker Stadtrechts veröffentlicht, die vor schwerwiegenden Fehlern und gut gemeinten, aber völlig sinnentstellenden Korrekturen nur so strotzte. Der Ärger war groß, und die Proteste gegen dieses Buch wurden nicht nur in Lübeck laut, denn das Lübecker Stadtrecht galt auch in anderen Städten.

Die Autoren dieses fehlerhaften Buches waren im Wesentlichen Juristen aus dem Lübecker Stadtrat, die aber als Verfasser nicht genannt wurden. Auf dem Buch erschien nur der

Name des Verlegers Johann Ballhorn, sodass er den Spott und die Häme allein zu spüren bekam.

Bis ins 17. Jahrhundert hinein wurden diverse Prozesse um dieses skandalumwitterte Buch geführt, wodurch breite Schichten den Namen Ballhorn kannten als Synonym für fehlerhaftes Arbeiten, für gut gemeinte Verschlimmbesserungen, für «Verballhornungen».

Sich verfranzen

«Verfranzt» hat sich jemand, wenn er sich verirrt oder verfahren hat. Er kann aber auch in anderer Weise verwirrt sein, zum Beispiel bei einer Rede nicht mehr weiterwissen und die Übersicht verloren haben.

Die Redewendung «sich verfranzen» geht auf die Fliegersprache in der Zeit des Ersten Weltkriegs zurück. Im damaligen Flugfunk gab es interessante Bezeichnungen oder Spitznamen für Pilot und Copilot. Der Pilot einer zweisitzigen Maschine wurde Emil genannt, den Copiloten nannte man Franz. Er war im Wesentlichen für die Navigation des Flugzeugs verantwortlich, wobei man damals allein auf die recht ungenaue sogenannte Koppelnavigation mit Flugkarte, Daumen, Uhr und Kompass angewiesen war.

Weil diese Vorgehensweise auf vergleichsweise groben Messungen und Schätzungen beruhte, konnte es natürlich schnell einmal vorkommen, dass dieser Franz die Flugroute falsch berechnete und das Flugzeug sich verirrte. Der Grund war klar: Der Franz hatte sich verfranzt.

Jemanden verhohnepipeln

Wenn man jemanden «verhohnepipelt», dann veralbert man ihn, man macht ihn zum Gespött, man nimmt ihn auf den Arm.

Grundlage für dieses Wort ist ein Ausdruck aus der Zeit von Martin Luther. Damals aß man gern mal die eine oder andere «hole Hip», das war eine Waffel, die man rollte, sodass sie innen hohl war. Diese Waffeln gibt's auch heute noch, inzwischen heißen sie Hippen, und man bekommt sie zum Beispiel zur Eistüte gerollt oder rund als Zugabe zum Speiseeis.

Früher zogen die Verkäufer solcher Waffeln von Tür zu Tür und boten ihr Gebäck an. Sie waren unter dem Namen Hohlhipper bekannt. Es war üblich, dass bei diesen Verkaufsgesprächen ohne Ende gelästert, getratscht und Unsinn geredet wurde. So kam es zur Entstehung des Verbs «hohlhippen», später «honnippeln» und schließlich zu unserem heutigen «verhohnepipeln».

Verschollen sein

Wenn Menschen «verschollen sind», dann werden sie vermisst und können nicht wieder aufgefunden werden. Ihr Aufenthaltsort ist nicht herauszubekommen.

Wenn man sich einen Eisbären vorstellt, der auf einer kleinen Eisscholle sitzt und unglücklicherweise aufs Meer hinausgetrieben wird, dann könnte man durchaus auf die Idee kommen, dass das Wort «verschollen» tatsächlich etwas mit Eisschollen zu tun hat.

Tatsächlich hat diese Redensart aber einen anderen Hintergrund: Sie geht zurück auf den Schall. Wenn Musik mit einem Schlussakkord zu Ende geht, sagt man heute: Sie klingt aus beziehungsweise sie ist verklungen. Früher sagte man jedoch: Sie verschallt oder, wenn sie definitiv zu Ende war, sie ist verschollen, also verschwunden und nicht wieder aufzufinden – genauso wie ein Mensch, der nicht mehr da ist und von dem man nicht weiß, wo er sich befindet.

In der Versenkung verschwinden

Wer «in der Versenkung verschwunden» ist, der ist unerwartet und spurlos verschwunden, und das für einen längeren Zeitraum. Die Formulierung wird häufig benutzt, wenn ein populärer Künstler keinen Erfolg mehr hat und nicht mehr im Licht der Öffentlichkeit steht.

Schon in den Tragödien der alten Griechen gab es den *Deus ex Machina*, also wörtlich die Gottheit aus der (Theater-)Maschine, die plötzlich und unerwartet auf der Bühne erschien und in einer aussichtslosen Situation rettend eingriff.

Aus der Welt des Theaters stammt auch das Gegenteil, die Versenkung, in der jemand verschwinden kann. Durch einen Versenkungsmechanismus im Boden der Theaterbühne war es möglich, dass Schauspieler plötzlich und auf scheinbar unerklärliche Weise unsichtbar wurden. Sie waren quasi nach unten abgetaucht, sie waren «in der Versenkung verschwunden».

Etwas auf Vordermann bringen

Wenn man zum Beispiel seine Wohnung «auf Vordermann bringt», dann räumt man sie auf, bringt sie in Ordnung, richtet sie wieder her.

Tatsächlich gibt es in Wohnungen keine Vordermänner, aber es gibt sie beim Militär. Besonders bei feierlichen Anlässen wie Staatsbesuchen oder Empfängen für einen hohen Gast verlangt das Protokoll, dass die Soldaten ordentlich aufgereiht strammstehen und sich nicht etwa wie ein chaotischer Haufen präsentieren. Deswegen richtet sich jeder präzise an seinem Vordermann aus und stellt sich genauso hin wie er.

Irgendwann hat der Vordermann dann sprachlich die Welt des Militärs verlassen und ist in die Alltagssprache eingegangen, sodass wir heute alles Mögliche auf Vordermann bringen können, auch wenn es mit dem ordentlichen Strammstehen von Soldaten überhaupt nichts mehr zu tun hat.

Wikipedia

Windjammer

Jemandem auf den Wecker gehen

W

Etwas in den Wind schlagen

Schmutzige Wäsche waschen

Mit allen Wassern gewaschen sein

Die Werbetrommel rühren

Durch den Wind sein

Sich einen Wolf laufen

Witzbold

Von wegen

Auf einer Wellenlänge sein oder liegen

Schmutzige Wäsche waschen

Wird «schmutzige Wäsche gewaschen», dann wird über Fehler, Schwächen oder auch Vergehen anderer Menschen hergezogen, und im Streit gelangen bisher verborgene, vertrauliche Vorgänge aus dem Privatleben ins Licht der Öffentlichkeit.

Im Mittelalter war es üblich, dass sich die Frauen einer Ortschaft einmal wöchentlich an einer Quelle oder einem Fluss trafen, um dort Wäsche zu waschen. Dabei wurde dann ausgiebig über die Fehler und Missetaten der nicht Anwesenden gesprochen, es gab Klatsch und Tratsch ohne Ende, die Gerüchteküche lief auf Hochtouren.

Dabei kamen auch solche Sachen zur Sprache, die andere Menschen, zu Recht oder zu Unrecht, in ein schlechtes Licht rückten, kurz gesagt, es wurde jede Menge «schmutzige Wäsche gewaschen». Und noch heute sagen wir ja über unsinnige Gerüchte und hirnloses Gerede: «Das ist dummes Gewäsch.»

Mit allen Wassern gewaschen sein

Wer «mit allen Wassern gewaschen ist», der kennt alle Tricks – in einem bestimmten Bereich oder auch, was das Leben im Allgemeinen angeht. Er lässt sich nichts vormachen. Womöglich zeichnet er sich aber auch durch negative Eigenschaften aus. Dann verhält er sich hinterhältig und verschlagen.

Ist jemand mit allen Wassern gewaschen, bedeutet das nicht, dass er als sehr reinlicher Mensch ausgiebig in verschiedenen Wassersorten gebadet hat, die Redewendung kommt vielmehr aus der Sprache der Seefahrer. Wer früher weit herumgekommen war, vielleicht sogar alle Weltmeere besegelt hatte, der war ein wirklich erfahrener «Seebär», er war symbolisch «mit allen Wassern gewaschen».

Vor einigen Jahren hat der wortgewaltige und gewichtige Fußballmanager Reiner Calmund dieser Redewendung eine nette Erweiterung beschert, die dann auch schnell populär wurde: Befragt nach seinen Erfahrungen im Fußballgeschäft antwortete er gern in fröhlichem, rheinischem Singsang: «Isch bin nit nur mit allen Wassern jewaschen, ich kenn alle Oktaven vom Geschäft und bin dreimal chemisch gereinigt.»

Jemandem auf den Wecker gehen

Wenn mir «jemand auf den Wecker geht», dann ist er mir lästig und unangenehm, oder wie man heute sagt: Er nervt.

Höchstwahrscheinlich geht die Redewendung auf das jiddische Wort *«weochar»* zurück, das bedeutet, dass einen etwas enorm aufregt oder ärgert. In seiner eingedeutschten Version ist dieses *«weochar»* dann zum Wecker geworden.

Eine zweite Theorie beruft sich darauf, dass man früher im Volksglauben den Verstand und das klare Bewusstsein oft mit einem Uhrwerk verglichen hat, das unbeirrt ruhig und regelmäßig vor sich hin tickt. Wenn also jemand mein Bewusstsein stört, dann geht er mir auf den Geist, er behindert die reibungslose Arbeit meines inneren Uhrwerks, er geht mir auf den Wecker.

Beide Theorien erscheinen plausibel, und welche die richtige ist, wird wohl ungeklärt bleiben.

Von wegen

Wenn man etwas ausdrücklich verneint und die Aussage von jemand anderem komplett ablehnt, entgegnet man oft «von wegen»! Diese Aussage bedeutet: «Deine Darstellung ist völlig falsch, die Tatsachen sehen ganz anders aus.»

Wenn jemand ein Geschäft angebahnt hat, sagt man oft: «Er hat es auf den Weg gebracht.» Und wenn ein Projekt erfolgreich beendet wurde, heißt es: «Die Beteiligten haben etwas ‹zuwege› gebracht.»

Das Gegenteil ist der Fall, wenn jemand etwas völlig Falsches tut oder behauptet, denn so kommt er vom erfolgversprechenden Weg ab, was er macht, bezeichnen wir daher auch als «abwegig». Deswegen unterbrechen wir ihn und rufen ihm zu: «Irrtum, du bist von den zielführenden Wegen abgekommen! Von wegen!»

Auf einer Wellenlänge sein oder liegen

Wenn zwei Menschen auf einer «Wellenlänge sind» oder auch auf einer «Wellenlänge liegen», dann verstehen sie sich gut, harmonieren miteinander und sind sich sympathisch.

Es gibt Redewendungen, bei denen man deutlich heraushört, aus welcher Zeit sie stammen, weil eine bestimmte Technologie damals gerade neu oder modern war. So ist es auch mit dem Spruch von der Wellenlänge: Im 19. Jahrhundert wurde die Funktechnik von den Physikern immer weiter vorangetrieben. Die erste funktionierende Funkverbindung gelang 1896 dem Italiener Guglielmo Marconi. Und im 20. Jahrhundert ist das Funken dann zu einer wichtigen Kommunikationstechnik geworden.

In einem Funksender werden elektrische Wellen in einer bestimmten hohen Frequenz moduliert, und nur wenn der Empfänger der Nachricht sein Gerät auf genau diese Wellenlänge eingestellt hat, kann er die Nachricht optimal empfangen. Um also gut miteinander klarzukommen, müssen die beiden «auf einer Wellenlänge liegen».

Die Werbetrommel rühren

Wenn man für jemanden oder für etwas «die Werbetrommel rührt», dann macht man die betreffende Person oder Sache in der Öffentlichkeit bekannt. Heute würde man sagen, man betreibt eine Werbekampagne oder promotet etwas.

Diese Redewendung hört sich relativ modern an, und man könnte meinen, sie sei erst nach der Industrialisierung in Zusammenhang mit der modernen Konsumgesellschaft entstanden. Umso mehr erstaunt es, dass es besagte Werbetrommeln schon vor 400 Jahren gab. Es handelte sich hierbei um Trommeln, die man bei öffentlichen Bekanntmachungen, Veranstaltungen und auf Jahrmärkten einsetzte, um Aufmerksamkeit zu erzeugen, vor allem aber, um Landsknechte für den Kriegsdienst anzuwerben. Auf öffentlichen Plätzen wurde so auf den Söldnerdienst aufmerksam gemacht.

Ein Dokument aus dem Jahr 1681 beschreibt, wie damals ein Krieg vorbereitet wurde, und auch die «gerührte Werbetrommel» wird hier schon genannt: «Es werden die wercke an den festungen eilends verbessert, pulver, bley, lebensmittel und mehr voelcker hineingeschafft, die werb-trummeln starck geruehret.»

Wikipedia

Die «Wikipedia» ist bei weitem das populärste Nachschlagewerk im Internet. Es steht allen Nutzern zur Verfügung und kann von ihnen erweitert oder korrigiert werden. Nachdem es in den ersten Jahren seit der Gründung 2001 viele Diskussionen um die Seriosität und Wirksamkeit der sogenannten «Schwarmintelligenz» gab, ist das Online-Lexikon heute oft eine verlässliche Quelle, wenn schnelle Informationen und ein erster Überblick über ein Thema gesucht werden. Die Fehlerquote ist relativ niedrig, trotzdem sollte jeder User die Wikipedia-Informationen immer mit Hilfe anderer Quellen gegenchecken.

Auf Hawaii gibt es heute noch eine Sprache, in der sich Reste des alten Polynesisch mit dem heutigen Englisch vermischen. Hawaii Pidgin nennt sich diese Sprache, und oft kann man dort den Ausruf hören: «*Hey c'mon, wiki wiki!*», zu Deutsch: «Los, komm her, es wird Zeit, mach schnell!» Dieses «wiki», das also «schnell» bedeutet, wurde als Teil des Namens ausgewählt – und etablierte sich schnell zum Spitznamen des Online-Angebots –, als Wikipedia im Januar 2001 online ging.

Der zweite Wortteil «pedia» entstammt dem englischen Wort für Enzyklopädie «*encyclopedia*». Zusammen bedeuten die Wortbestandteile «wiki» und «pedia» also nichts anderes als schnelles Nachschlagewerk oder schnelles Lexikon.

Etwas in den Wind schlagen

Wenn man gute Ratschläge, Warnungen oder Hinweise einfach ignoriert oder geringschätzig abtut, dann «schlägt man sie in den Wind».

Wir alle kennen diese Handbewegung: Wenn wir etwas lächerlich finden oder total unangebracht und doof, dann wedeln wir es mit der Hand quasi symbolisch kurz weg. Interessant ist, dass dieses «In-den-Wind-Schlagen» früher eine sogenannte Rechtsgebärde war, die vor Gericht Gültigkeit hatte. Im *Sachsenspiegel*, einem mittelalterlichen Rechtsbuch, wird beschrieben, wie das abzulaufen hatte: Erschien ein Beklagter nicht vor Gericht, konnte der Kläger dreimal symbolisch in den Wind schlagen und der Rechtsstreit war zu seinen Gunsten entschieden. Er hatte damit alle Probleme des Verfahrens beseitigt, er hatte sie einfach «in den Wind geschlagen».

Durch den Wind sein

Wer «durch den Wind ist», der ist verwirrt, unkonzentriert, oft auch erschöpft und müde, jedenfalls nicht in Topform.

Wenn man beim Segeln ein Ziel erreichen will, das in der Richtung liegt, aus der auch der Wind kommt, muss man diverse anstrengende und komplizierte Manöver fahren, bei denen versucht wird, das Ziel in einem Zickzackkurs anzusteuern. Bei diesem sogenannten Kreuzen fährt man, stark vereinfacht gesagt, schräg zum Wind und sorgt dafür, dass man quasi auf Umwegen zum Ziel kommt. Schon mit kleinen Jollen sind diese Manöver nicht gerade ein Vergnügen, mit den großen Windjammern früherer Zeiten waren sie es erst recht nicht. Wenn man schließlich «durch den Wind war», wie es in der Seemannssprache hieß, dann hatte man es geschafft, aber man war auch körperlich erschöpft.

Windjammer

«Windjammer» ist eine Bezeichnung für große Segelschiffe wie zum Beispiel das deutsche Segelschulschiff Gorch Fock.

Ging es den Matrosen zur Blütezeit der Großsegler vor rund 150 Jahren so schlecht, dass auf den Schiffen ständig geheult und gejammert wurde? Natürlich nicht, das Wort erklärt sich, wenn man es auf Englisch ausspricht. «*To jam*» hat im Englischen viele Bedeutungen, darunter musikalisch frei improvisieren, aber auch blockieren, stauen, klemmen und vor allem drücken oder pressen.

Und hier kommt der Windjammer her, denn der Wind musste bei diesen Schiffen schon mal richtig in die Segel drücken oder pressen, damit sie vom Fleck kamen. Also Entwarnung: Niemand hat auf den Windjammern gejammert außer dem Wind, und der hat bloß kräftig die Segel *gejammt*.

Witzbold

Als «Witzbold» gilt ein Mensch, der permanent gute Laune zu haben scheint und immer für einen Scherz oder dummes Zeug zu haben ist. Manchmal können diese Menschen auch lästig werden, nämlich dann, wenn sie permanent ihre Witzigkeit beweisen wollen und anderen damit auf den Geist gehen.

Der «Witzbold» setzt sich aus zwei Wortteilen zusammen. Interessanterweise bezeichnete «bold» früher einen Menschen, der besonders mutig oder stark war. So lautet das englische Wort für mutig noch heute «*bold*». Und «wizzi» bedeutete im Althochdeutschen so viel wie Wissen, Vernunft oder Verstand. So war der Witzbold noch im 16. Jahrhundert, ein kluger Mensch, ein starker und mutiger Denker.

Erst im 19. Jahrhundert hat sich diese Bedeutung langsam verschoben: Jetzt wurde der «Witzbold» langsam zum Spaßmacher und Spötter. In unserem heutigen Sprachgebrauch wird das einst positive «bold» häufig auch im abschätzigen Sinne verwendet, wie in Raufbold oder Trunkenbold. Da ist man dann doch lieber ein harmloser Witzbold.

Sich einen Wolf laufen

Ein «Wolf» entsteht, wenn bei langen Märschen oder Läufen Hautstellen ständig Kontakt miteinander haben und sich aneinander reiben, zum Beispiel im Bereich der Oberschenkel. So entstehen gerötete, teilweise entzündete Bereiche. Diese ursprüngliche Bedeutung des «Wolfs» ist heute in den Hintergrund getreten, stattdessen kann die Redewendung für alles herhalten, was man exzessiv betreibt. So kann man sich unter anderem einen «Wolf tanzen, schreiben oder auch telefonieren».

Ursprung der Redewendung ist eine Hautkrankheit mit dem medizinischen Namen *Lupus erythematodes*, der auf Deutsch so viel bedeutet wie «Roter Wolf». Heute lässt sich diese Krankheit recht gut behandeln, aber früher hat sie zu regelrechten Verstümmelungen vor allem im Gesichtsbereich geführt, von denen die Ärzte sagten, sie erinnerten an Verletzungen nach dem Biss eines Wolfs. Es gibt auch Quellen, die davon sprechen, dass nach dem Abheilen Narben zurückgeblieben seien, die den Patienten ein wolfsähnliches Aussehen verliehen.

Wie dem auch sei: Von diesen Hautschäden bekam die Krankheit ihren Namen, und bald übertrug man die Bezeichnung «Wolf» auf alle möglichen Hautschäden, also wunde Stellen, Ekzeme oder Entzündungen.

X

Jemandem ein X für ein U vormachen

Z

Zappenduster

Jemandem ein X für ein U vormachen

Wenn man «jemandem ein X für ein U vormacht», dann beschummelt, betrügt oder übervorteilt man ihn.

Die Redewendung geht auf das lateinische Alphabet zurück, dessen Besonderheit darin besteht, dass bestimmte Buchstaben gleichzeitig für bestimmte Zahlen stehen. Das große V steht für die Ziffer 5, und ein großes X ist gleichbedeutend mit der Zahl 10.

Viele Jahrhunderte lang ist auch in Deutschland mit diesen Symbolen gerechnet worden. Wenn man sich jetzt mal ein solches V vorstellt, dann fällt auf, wie leicht man es in ein X verwandeln kann, indem man einfach nur die beiden schrägen Striche des V jeweils nach unten verlängert. Schon hat man ein X, und aus einer 5 ist eine 10 geworden. Diese Betrugsmasche bot sich natürlich bei Rechnungen aller Art an, vor allem auch in Gasthäusern, wo der vielleicht schon leicht angeheiterte Zecher nicht mitbekommen hat, wie aus 5 getrunkenen Bieren auf diese Art ruck, zuck 10 werden konnten. Der Wirt hatte dem Gast also eigentlich ein X für ein V vorgemacht. Weil unser heutiges U wiederum aus dem lateinischen V hervorgegangen ist, kam es schließlich zu der Redewendung mit dem X und dem U.

Zappenduster

«Zappenduster» ist es bei völliger Dunkelheit, so wie in der tiefsten Nacht. Manchmal wird die Formulierung auch im übertragenen Sinne gebraucht, um schlechte Aussichten zu beschreiben,

zum Beispiel: «In Sachen Karriere sieht es bei ihm zappenduster aus.»

Einige Sprachforscher führen «zappenduster» auf die alte Gaunersprache Rotwelsch zurück, in der Mitternacht «zofon» hieß, abgeleitet von «*zophon*», dem hebräisch-jiddischen Wort für Mitternacht. Daraus sei dann im Laufe der Zeit «zappen» entstanden. Demnach würde «zappenduster» bedeuten «so dunkel wie um Mitternacht».

Andere, unter ihnen die Dudenredaktion, vermuten einen anderen Ursprung. Sie beziehen sich auf den Zapfenstreich, mit dem den Soldaten in den Feldlagern früher das Ende des nächtlichen Alkoholausschanks verkündet wurde. Wenn anschließend die Lichter im Lager gelöscht wurden, war es in jeder Hinsicht «zappenduster».

Literatur

Blum, Lothar; Rölleke, Heinz (1997): Redensarten des Volks, auf die ich immer horche. Das Sprichwort in den Kinder- und Hausmärchen der Gebrüder Grimm. Stuttgart: S. Hirzel Verlag.

Duden: 11. Redewendungen. Wörterbuch der deutschen Idiomatik. Mehr als 10 000 feste Wendungen, Redensarten und Sprichwörter. 3., überarbeitete und aktualisierte Auflage. Leipzig: Brockhaus Verlag/Verlag Bibliogaphisches Institut.

Essig, Rolf B. (2007): Wie die Kuh aufs Eis kam. Wundersames aus der Welt der Worte. Köln: Verlag Kiepenheuer und Witsch.

Essig, Rolf B. (2009): Da wird doch der Hund in der Pfanne verrückt. Die lustigen Geschichten hinter unseren Redensarten. München: Hanser Verlag.

Grimm, Jacob und Wilhelm (1986): Das Grimmsche Wörterbuch. Untersuchungen zur lexikographischen Methodologie. Hrsg.: Dückert, Joachim. Stuttgart: S. Hirzel Verlag.

Hutter, Claus Peter; Goris, Eva (2008): Warum haben Gänse Füßchen? Vom Ursprung unserer Wörter und Redensarten. München: Droemer Knaur Verlag.

Kluge, Friedrich; Seebold, Elmar (2002): Etymologisches Wörterbuch der deutschen Sprache. 24., durchgesehene und erweiterte Auflage. Berlin/New York: de Gruyter Verlag.

Köster, Rudolf: Duden Redensarten. Herkunft und Bedeutung. 2., überarbeitete und ergänzte Auflage. Leipzig: Brockhaus Verlag/Verlag Bibliogaphisches Institut.

Kube, Sigi (2008): Der Wolf im Schafspelz tappt im Dunkeln. Die Herkunft alltäglicher Redewendungen. München: Droemer Knaur Verlag.

Küpper, Heinz (1983): Illustriertes Lexikon der deutschen Umgangssprache. Stuttgart: Klett Verlag.

Lipper, Elinor (1981): Beliebte Ausdrücke und was dahintersteckt. Genf: Edito Service Verlag.

Mieder, Wolfgang (Hrsg.) (1986): Deutsche Sprichwörter und Redensarten. Ditzingen: Philipp Reclam jun. Verlag.

Müller, Klaus (Hrsg.) (2005): Lexikon der Redensarten: Herkunft und Bedeutung deutscher Redewendungen. München: Bassermann Verlag.

Röhrich, Lutz (2009): Lexikon der sprichwörtlichen Redensarten. Berlin: Verlag Directmedia Publishing.

Internetquellen

www.besserwisserseite.de/worte.phtml

www.biddelberner.de/4670/171951.html

www.br-online.de/wissen/bildung/redensarten-DID1239118655746/index.xml

http://www.etymologie.info/~e/_e/_e-wwdmon.html

www.etymologie.tantalosz.de/index.php

www.focus.de/wissen/bildung/allgemeinbildung-tests/redensarten_aid_13056.html

www.fragenohneantwort.de/kurz.htm

www.geo.de/GEOlino/mensch/redewendungen/deutsch

http://www.korrekturen.de/website-links/wortschaetze_der_uni_graz.shtml

www.mahnert-online.de/redewendungen.html

www.phraseo.de/

www.redensarten-index.de/suche.php

www.redensarten.net/

www.selvaxx.de/Umgangssprache.html

www.staff.uni-marburg.de/~nail/redensarten.htm

www.wispor.de/kat-rede.htm

de.wikipedia.org/wiki/Portal: Sprache/Liste_der_Redensarten

de.wikipedia.org/wiki/Liste_gefl%C3%BCgelter_Worte

de.wiktionary.org/wiki/Wiktionary:Deutsch/Redewendungen

Mein Dank geht außerdem an die Gesellschaft für deutsche Sprache (GfdS) in Wiesbaden und das Institut für niederdeutsche Sprache in Bremen.

Inhalt

G

H

K

L